中国特色
社会主义的发展战略

主　　编　闫　玉

副 主 编　孔德生　王雪军

本册作者　姜琳琳　孔德生

中华工商联合出版社

图书在版编目（CIP）数据

中国特色社会主义的发展战略 / 姜琳琳，孔德生著.
--北京：中华工商联合出版社，2014.3
ISBN 978-7-5158-0853-6

Ⅰ.①中… Ⅱ.①姜… ②孔… Ⅲ.①中国特色社会主义—发展战略—研究 Ⅳ.①D616

中国版本图书馆 CIP 数据核字（2014）第 036003 号

中国特色社会主义的发展战略

作　　者： 姜琳琳　孔德生
出 品 人： 徐　潜
策划编辑： 魏鸿鸣
责任编辑： 侯景华
封面设计： 徐　超
责任审读： 李　征
责任印制： 迈致红
出版发行： 中华工商联合出版社有限责任公司
印　　刷： 固安县云鼎印刷有限公司
版　　次： 2014 年 4 月第 1 版
印　　次： 2021 年10月第 2 次印刷
开　　本： 155mm×220mm　1/16
字　　数： 84 千字
印　　张： 9.75
书　　号： ISBN 978-7-5158-0853-6
定　　价： 38.00 元

服务热线： 010－58301130
销售热线： 010－58302813
地址邮编： 北京市西城区西环广场 A 座
19－20 层，100044
http://www.chgslcbs.cn
E-mail： cicap1202@sina.com（营销中心）
E-mail： gslzbs@sina.com（总编室）

目 录 Contents

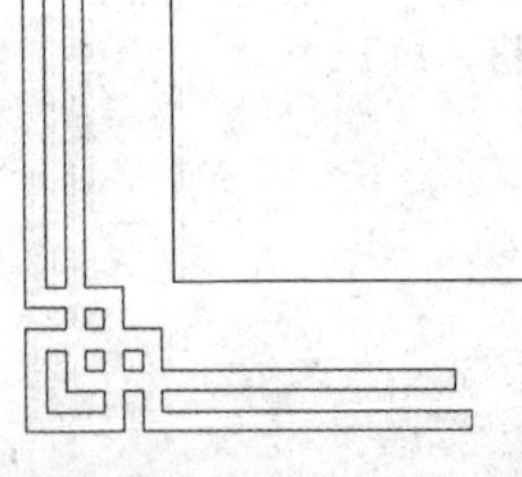

一、中国特色社会主义的发展理念

（一）发展与发展观释义

在人类漫长的历史上，人们对“何谓发展、为何发展、如何发展”这一关系到人类生存和发展的历史性课题进行了不懈的探索和实践。随着时代的变迁、文明的进步、实践的创新，人类关于发展的思维在历史上是不断演进的。发展问题历来是人类不断探索的主题，是当今世界任何一个国家都必须关注的焦点和努力的方向，它既是人类共同关注的重大理论问题，也是关系到人类生死存亡的重大实践问题。自从有人类历史以来，人类就开始面临发展的难题，并一直在为自身的发展而不懈努力。但在人们追求快速发展、高速发展的进程中，也出现了许多需要反思的问题，如生态危机、环境恶化、人生意义危机等。那么，什么是发展？发展的目的何在？

简单地说，发展是“自己”的运动、“对立面的统一”。从严格的学术意义上讲，发展是哲学术语，发展这个概念有广义和狭义之分。广义的发展是指事物由小到大，由简到繁，由低级到高级，由旧物质到新物质的运动变化过程。事物的发展原因是事物联系的普遍性，事物发展的根源（或根本原因）是事物的内部矛盾，即事物的内因。唯物辩证法认为，物质是运动的物质，运动是物质的运动，运动是物质的根本属性，而向前的、上升的、进步的运动即是发展。发展的本质是新事物的产生和旧事物的灭亡，也就是新事物代替旧事物。狭义的发展是指那些处于不发达状态的国家和地区通过发展经济、变革社会而走向发达状态的历程。我们这里所说的“发展”就是从狭义这个角度来讲的。

尽管人类社会的发展是一个不以人的意志为转移的客观过程，但是人们对发展及其规律的认识，直接影响着一个国家发展战略的制定，影响着发展道路的选择与确定。换句话就是说，树立什么样的发展观，是一个十分重要的问题。发展观是关于发展的本质、目的、内涵和要求的总体看法和根本观点。发展观是用来指导发展的，树立什么样的发展观，将严重影响一个国家的发展方向、发展程度、发展水平以及发展的后果。正确的或科学的发展观将有力促进经济发展和社会进步，错误的或片面的发展观将带来一系列严重的后果。在社会主义发展的实践中，我们出现过一些失误和曲折，在这方面有深刻的历史教训，值得反思和警醒。例如：有时片面强调发挥政治和思想优势，过分强调人的主观能动性，说什么“人有多大胆，地有多大产”，而忽视经济建设规律。“大跃进”和人民公社化运动就是不顾客观条件，不按经济发展规律要求的错误的指导思想的产物，浪费了大量的人力、物力，给新中国的经济社会发展造成了重大损失。也有的时候只注意了发展经济，而忽视了民主政治和精神文明建设，导致资产阶级自由化思潮严重泛滥，“金钱万能论”、“一切向钱看”成为许多人的追求，一部分人精神空虚，社会道德滑坡，出现了严重的信仰危机。这些都严重阻碍了社会主义现代化建设全面、协调、健康的发展。因此，我们必须坚持马克思主义的唯物辩证法思想，努力促进经济、政治、文化、社会全面进步，推动生产发展、生活富裕、生态良好和协调发展。忽视和放弃哪一方面都是片面的，都可能使社会主义现代化建设事业误入歧途。

当然，人类社会“历史的发展像自然的发展一样，有它自己的内在规律”[①]。“正像达尔文发现有机界的发展规律一样，马克思发现了人类历史的发展规律”[②]，形成了以社会生产力的发展为根本基础、以社会基本矛盾运动为根本动力、以社会形态的发展和更替为历史演进过程的社会发展观。马克思由于把现代唯物主义贯彻到底，也就是把他对自然界的认识，推广到对人类社会的认识而创立的历史唯物主义，是“科学思想中的最大成果”[③]，是揭示人类社会发展的一般规律和历史总趋势的科学发展观。但也如恩格斯所指出的，“我们的理论不是教条，而是对包含着一连串互相衔接的阶段的发展过程的阐明”。[④]“我们的理论是发展着的理论，而不是背得烂熟并机械地加以重复的教条。”[⑤] 列宁也指出：“马克思的全部理论，就是运用最彻底、最完整、最周密、内容最丰富的发展论去考察现代资本主义社会。自然，他也要运用这个理论去考察资本主义社会即将崩溃的问题，去考察

---

① 《马克思恩格斯全集》第 21 卷，人民出版社 1965 年版，第 389 页。

② 《马克思恩格斯选集》第 3 卷，人民出版社 1995 年版，第 776 页。

③ 《列宁选集》第 2 卷，人民出版社 1995 年版，第 311 页。

④ 《马克思恩格斯选集》第 4 卷，人民出版社 1995 年版，第 680 页。

⑤ 《马克思恩格斯选集》第 4 卷，人民出版社 1995 年版，第 681 页。

共产主义未来发展的问题。"[①] 列宁认为，发展既是"对立面的斗争"、又是"对立面的统一"[②]，是唯物辩证法的发展观。列宁强调发展不是简单的重复，而是在更高基础上的重复；发展不是单纯的量变，而是包含着质变、革命和飞跃式的剧变；发展源于事物的内因或内部矛盾，而主要不是依靠外部力量；统一的有规律的世界运动发展过程也包括历史发展不断出现的新的方面，密切而不可分割地联系在一起的。

很显然，只有唯物辩证法的发展观，"才提供理解一切现存事物'自己运动'的钥匙，才提供理解'飞跃'、'渐进过程的中断'、'向对立面转化'、旧东西的消灭和新东西的产生的钥匙"[③]。因为，唯物辩证法所揭示的是"关于自然、人类社会和思维的运动和发展的普遍规律的科学"[④]。毛泽东特别指出："世界是由矛盾组成的。没有矛盾就没有世界。我们的任务，是要正确处理这些矛盾。这些矛盾在实践中是否能完全处理好，也要准备两种可能性，而且在处理这些矛盾的过程中，一定还会遇到新的矛盾，新的问

① 《马克思主义经典著作选读》，人民出版社 1999 年版，第 410 页。

② 《列宁选集》第 2 卷，人民出版社 1995 年版，第 557 页。

③ 《马克思恩格斯全集》第 20 卷，人民出版社 1971 年版，第 154 页。

④ 《马克思恩格斯选集》第 3 卷，人民出版社 1995 年版，第 484 页。

题。但是像我们常说的那样，道路总是曲折的，前途总是光明的。”①

社会发展是一个复杂的系统工程，在发展过程中要全面地兼顾到系统构成的各个要素。社会系统本身就是由经济、政治、文化等子系统组成的一个大系统，这些子系统相互联系、相互制约、相互作用，决定着社会大系统的整体功能状况，社会的发展是一个全面发展的过程。社会内部的任何一个事物都不是孤立存在的，而是处在与它事物的普遍联系之中，一事物离开它事物的联系，就谈不上发展。因此，社会发展又是一个协调发展的过程。

从马克思主义哲学讲，发展还应当是辩证的发展，科学发展观就是发现矛盾、认识矛盾、解决矛盾的辩证发展观。矛盾是事物存在的普遍法则，是事物发展的根本原因，旧矛盾解决了，新矛盾又出来了，往复循环，事物在矛盾的推动下不断向前发展。社会发展也遵循这一法则，在矛盾的运动中获得前进。科学发展观是我们党为了解决发展中出现的一系列突出矛盾和问题而提出来的，是实事求是的产物，为我们全面建设小康社会指明了方向。

马克思主义是科学，始终严格地以客观事实为根据。而实际生活总在不停地变动中，这种变动的剧烈

① 《毛泽东文集》第7卷，人民出版社1999年版，第44页。

和深刻近100多年来达到了前人难以想象的程度。因此，马克思主义必定随着时代、实践和科学的发展而发展，不可能一成不变。毛泽东指出："马克思主义者认为人类的生产活动是最基本的实践活动，是决定其他一切活动的东西。人的认识，主要地依赖于物质的生产活动，逐渐地了解自然的现象、自然的性质、自然的规律性、人和自然的关系；而且经过生产活动，也在各种不同程度上逐渐地认识了人和人的一定的相互关系。一切这些知识，离开生产活动是不能得到的。"① "唯物辩证法的宇宙观主张从事物的内部、从一事物对他事物的关系去研究事物的发展，即把事物的发展看做是事物内部的必然的自己的运动，而每一事物的运动都和它的周围其他事物互相联系着和互相影响着。事物发展的根本原因，不是在事物的外部而是在事物的内部，在于事物内部的矛盾性。任何事物内部都有这种矛盾性，因此引起了事物的运动和发展。"②

发展观也是一定时期内经济与社会发展的需求在思想观念层面的聚焦和反映，是一个国家在发展进程中对发展及如何发展的总的和系统的看法。确立什么样的发展观，是世界各国面临的共同课题，它也是伴

① 《毛泽东选集》第1卷，人民出版社1991年版，第282页～283页。

② 《毛泽东选集》第1卷，人民出版社1991年版，第301页。

随各国经济社会的演变进程而不断完善的。毛泽东指出："各国应根据自己国家的特点决定方针、政策，把马克思主义同本国特点结合起来。中国的经验，有好的也有不好的，有成功的也有失败的。即使是好的经验，也不一定同别的国家的具体情况相适合。照抄是很危险的，成功的经验，在这个国家是成功的，但在另一个国家如果不同本国的情况相结合而一模一样地照搬就会导向失败。照抄别国的经验是要吃亏的，照抄是一定会上当的。这是一条重要的国际经验。"① 邓小平也告诫我们，"我们的现代化建设，必须从中国的实际出发。……照抄照搬别国经验、别国模式，从来不能得到成功。"② 他同时强调，"中国的事情要按照中国的情况来办，要依靠中国人自己的力量来办。"③

当然，发展也不能仅限于经济发展的狭隘视域，科学发展观明确提出发展的根本目的乃是人的发展，是"作为目的本身的人类能力的发展"。发展是现实的人的发展，而现实的人是有生命的活动而绝不仅仅是创造交换价值的商品。马克思指出：人的发展乃是一种全面的发展，即"人以一种全面的方式，也就是

① 《毛泽东文集》第 7 卷，人民出版社 1999 年版，第 64 页。
② 《邓小平文选》第 3 卷，人民出版社 1993 年版，第 2 页。
③ 《邓小平文选》第 3 卷，人民出版社 1993 年版，第 3 页。

说，作为一个完整的人，占有自己的全面的本质”①。“每个人的自由发展是一切人的自由发展的条件”②。

简而言之，发展观就是人们对事物发展的总的看法。发展观是马克思主义理论十分重要的思想，是辩证唯物主义和历史唯物主义的根本原理。是否承认发展，坚持什么样的发展观，是区分唯物辩证法和形而上学的主要标志，也是区分马克思主义和非马克思主义的重要分界线。邓小平曾讲道：“解放思想，开动脑筋，实事求是，团结一致向前看，首先是解放思想。只有思想解放了，我们才能正确地以马列主义、毛泽东思想为指导，解决过去遗留的问题，解决新出现的一系列问题，正确地改革同生产力迅速发展不相适应的生产关系和上层建筑，根据我国的实际情况，确定实现四个现代化的具体道路、方针、方法和措施。”③ 说得更确切些，发展观就是人们在社会实践中总结出来的关于自然、社会和人类思维发展的最普遍、最一般的观点体系。解放思想是树立正确的发展观的前提，只有解除束缚经济社会发展的各种落后保守的思想观念，才能扫除前进道路上的思想上观念上

① 《马克思恩格斯全集》第 42 卷，人民出版社 1982 年版，第 123 页。

② 《马克思恩格斯全集》第 39 卷，人民出版社 1982 年版，第 189 页。

③ 《邓小平文选》第 2 卷，人民出版社 1994 年版，第 141 页。

的障碍，为我国的社会主义现代化做出贡献。党的十六大明确提出了“坚持以人为本，树立全面、协调、可持续的发展观，促进经济、社会和人的全面发展”[①] 的新的科学发展的思想，这是对马克思主义唯物辩证法思想的重大发展，是我国在社会主义现代化建设进程中的重大突破。

（二）科学发展的基本理念

科学发展是人类经济社会发展到一定阶段的客观需要。在列宁看来，所谓科学发展观，就是新唯物主义的方法论和世界观，这种唯物主义既是实践的，又是辩证的，同时也是历史的，即他所指的“现代唯物主义”[②]。发展观是否科学，关键看承认不承认事物的内在矛盾是事物运动、发展的源泉；承认不承认事物的运动、发展不仅有量变，而且有渐进过程的中断、飞跃、质变；科学发展观的规律不仅适用于人类社会，同时适用于自然界、人类认识与思维。毛泽东认为：“中国一切政党的政策及其实践在中国人民中

---

① 江泽民：《全面建设小康社会，开创中国特色社会主义事业新局面》，《人民日报》2002 年 11 月 18 日。

② 《列宁全集》第 18 卷，人民出版社 1988 年版，第 137 页。

所表现的作用的好坏、大小，归根到底，看它对于中国人民的生产力的发展是否有帮助及其帮助之大小，看它是束缚生产力的，还是解放生产力的。”[①] “只要我们更多地懂得马克思列宁主义，更多地懂得自然科学，一句话，更多地懂得客观世界的规律，少犯主观主义错误，我们的革命和建设工作，是一定能够达到目的的。”[②] 毛泽东早在 1962 年的“七千人大会”时就指出：“至于建设强大的社会主义经济，在中国，50 年不行，会要 100 年，或者更多的时间。中国的人口多、底子薄，经济落后，要使生产力很快地发展起来，要赶上和超过世界上最先进的资本主义国家，没有 100 多年的时间，我看是不行的。”[③] 然而，在那个“以阶段斗争为纲”的年代里，“宁要社会主义的草，不要资本主义的苗”，不可能坚持经济建设这个中心，所以，发展观的演进也就不可能进入科学的轨道。十一届三中全会之后，中国改革开放的总设计师邓小平坚持以经济建设为中心，坚持发展是硬道理。他指出：“我赞成劲可鼓不可泄。但是要强调一点，我们需要的是鼓实劲，不是鼓虚劲。就是说，我们的工作要扎实，效果要实实在在。所谓鼓实劲，不鼓虚劲，拿科学的语言来说，就是按客观规律办事。

① 《毛泽东选集》第 3 卷，人民出版社 1991 年版，第 1079 页。

② 《毛泽东文集》第 6 卷，人民出版社 1999 年版，第 393 页。

③ 张树平：《红色决策》，湖南人民出版社 2000 年版，第 539 页。

经济工作要按经济规律办事，不能弄虚作假，不能空喊口号，要有一套科学的办法。”①

科学发展观正是坚持了马克思主义生产力在社会发展过程中起最终决定作用的观点。马克思主义认为，“人们所达到的生产力的总和决定着社会状况”，“物质生活的生产方式制约着整个社会生活、政治生活和精神生活的过程”②。人类历史的发展，其内在的根本动力是生产力的发展。一个政党的先进性，也体现在是不是能够真正代表先进生产力发展的要求。革命是推翻旧的生产关系，目的是适应生产力发展的要求，打破束缚生产力发展的桎梏；建设、改革的目的仍然是解放和发展生产力。我国正处于社会主义发展的初级阶段，落后的社会生产同人民群众日益增长的物质文化需要之间的矛盾是社会的主要矛盾，发展生产力是长期、根本的任务。邓小平指出：“实事求是，是无产阶级世界观的基础，是马克思主义的思想基础。过去我们搞革命所取得的一切胜利，是靠实事求是；现在我们要实现四个现代化，同样要靠实事求是。”③ 坚持解放思想，实事求是，本质上就是要求我们党在领导人民进行社会主义现代化建设过程中坚

① 《邓小平文选》第2卷，人民出版社1994年版，第196页。

② 黄楠森：《马克思主义哲学史》，高等教育出版社1998年版，第56页。

③ 《邓小平文选》第2卷，人民出版社1994年版，第143页。

持马克思主义的活的灵魂，坚持做到科学决策，科学规划，科学发展。“发展是硬道理”，“发展是执政兴国第一要务”，是中国共产党准确把握住了人类社会发展的基本规律的深刻认识，也是历史经验的总结。发展的内核首先是物质生产的发展，科学发展观的内在思想是建立在“以经济建设为中心”这个基本点上的。离开了经济建设谈发展，就离开了生产力发展这个社会发展的基本要素。改革开放以来，我国就走上了快速发展的道路，取得了举世瞩目的伟大成就。但最初注重的是速度的提高、总量的扩张，注重产出数量上的增加，主要依靠增加资源投入和消耗来实现经济增长转变，经济运行中一些长期积累的突出矛盾和问题还没有得到根本解决，同时又出现了一些新的情况和新的问题，沿海经济发达地区则凸显得更早、更突出、更集中。由于这样那样的原因，在人与自然、经济与社会、城市与农村、区域与区域、国内建设与外部环境等方面也积累了不少矛盾，出现了许多不平衡，有的还相当尖锐、突出。这些矛盾如不能按照科学发展观及时地、很好地加以解决，就可能影响到社会的和谐与稳定，甚至导致社会动荡，现代化进程中断。因此，要坚持科学发展，就必须走全面发展、协调发展、可持续发展之路，这是贯彻落实科学发展观的内在要求和必然选择。

1. 全面发展

所谓全面发展，就是按照中国特色社会主义事业总体布局，以经济建设为中心，全面推进经济建设、政治建设、文化建设、社会建设、生态文明建设，实现经济发展和社会全面进步。全面发展就是要把经济社会发展看成一个有机联系的整体，把握好经济、社会、政治、文化、生态等各个方面的发展问题，做到正确处理社会主义现代化建设中的一系列重大关系，在大力推进经济发展的同时解决好与经济增长相关联的各种社会问题，促进物质文明、政治文明、精神文明、生态文明的共同进步，谋求国家经济、政治、文化、社会的全面发展。全面发展突破了过去把发展简单理解为经济增长，而忽视社会和人的全面发展的理论误区，纠正了形而上学片面的思维方式，扬弃和超越了传统的发展理念。其辩证性、合理性主要表现在一方面强调社会发展是政治、经济、文化和社会的全面协调发展，另一方面强调社会发展是为“人”的发展。因为人类的社会生活主要表现为物质生活、政治生活和精神生活，所以作为发展的社会就不是单一的经济运行过程，而是经济、政治、文化、社会相互联系、相互制约、共同发展的过程。同时，经济增长、科技进步、政治制度的演进等不过是实现人的发展的手段，是为人的发展创造更好的社会环境，而人的全面发展才是真正的目的。如果追求单纯的经济增长，是不可能自然而然地给人们带来普遍的福祉的。相反，则会伴随着人的失落，“人不在场”等负面效应，引发一系列的贫富差距、政治动摇和信仰危机等社会问题。这种忽视人、忽视社会政治、文化建设的“恶的增长”是与社会主义的发展前进方向相违背的。

社会主义社会是全面发展、全面进步的社会，是与马克思主义的基本原理相吻合的。马克思、恩格斯根据现代社会发展的客观规律，提出了全面发展的学说。马克思主义发展观中的一个重要的内容就是强调人的全面发展是社会发展的最高目标。马克思主义发展观的实质问题就是如何看待人的发展的问题。人的发展不仅应当是全面的，而且应当是自由的，马克思称之为“每个人的全面而自由的发展”[①]。人的自由发展与全面发展两者之间是密切相关，相互促进的。自由发展是全面发展的前提和条件，没有人的独立性和自主性，就不可能实现人的丰富性和完整性。全面发展是自由发展的必然结果和重要条件。只有不断地促进人的全面发展，才能更好地保持人的独立性和自主性。马克思主义历来把每个人自由而全面的发展，当作自己的理想目标。马克思主义关于人的全面发展

① 《马克思恩格斯选集》第 2 卷，人民出版社 1995 年版，第 239 页。

学说是一个完整的理论体系，涉及丰富而广泛的领域。推而广之，在中国特色社会主义建设中，经济建设提供物质基础，政治建设提供政治保证，文化建设提供精神动力和智力支持，社会建设提供有利的社会环境和条件，生态文明建设提供可持续的外部条件。它们之间相互依存，紧密联系，不可分割，忽视其中任何一个部分都会影响到中国特色社会主义现代化建设的持续健康发展。

早在改革开放初期，邓小平运用唯物辩证法的思想，强调中国特色社会主义必须“两手抓”、“两手都要硬”：一手抓物质文明，一手抓精神文明；一手抓改革开放，一手抓民主法制；一手抓经济建设，一手抓文化教育，以此来推动中国特色社会主义现代化建设事业的全面发展和进步。进入 20 世纪 90 年代，以江泽民为主要代表的党中央强调发展是社会主义物质文明、政治文明和精神文明的全面发展，建设中国特色社会主义是经济、政治、文化全面发展的过程，是物质文明、政治文明、精神文明全面建设的过程。“三个代表”重要思想也是强调发展的全面性：促进区域经济合理布局和协调发展，物质文明、政治文明、精神文明要相互促进、全面发展，把改革的力度、发展的速度和社会可承受的程度协调统一起来。在新世纪新阶段，中国共产党中央领导集体面对新的国际国内形势，要实现中国特色社会主义事业的全面健康发展，全面建成小康社会，必须坚持以邓小平理论、“三个代表”重要思想、科学发展观为指导，深入贯彻落实科学发展观，按照中国特色社会主义事业总体布局，全面推进经济建设、政治建设、文化建设、社会建设和生态文明建设，努力促进现代化建设各个环节、各个方面相协调，促进生产关系与生产力、上层建筑与经济基础相协调，坚持生产发展、生活富裕、生态良好的文明发展道路，建设资源节约型、环境友好型社会，实现速度和结构质量效益相统一、经济发展与人口资源环境相协调，使人民在良好生态环境中生产生活，实现经济社会永续发展。这不仅从根本上保证全国上下聚精会神搞建设、一心一意谋发展，而且在实践上对加速经济社会全面进步有重大的现实意义，对丰富和创新中国特色社会主义理论也有开创性的深远意义。[①] 只有坚持贯彻落实科学发展观，才能推进我国经济、政治、文化、社会、生态建设全面发展、全面进步。

发展应当是全面协调可持续的科学发展。全面发展实质上就是着眼于为人的发展创造社会条件。在全面建设小康社会的今天，我们必须坚持科学发展理念，坚持以人为本，提供良好的经济、政治和人文环

① 参见庄福龄：《论马克思主义发展观及其在新世纪的理论升华》，《教学与研究》2007 年第 1 期。

境，促进人的全面发展。事实证明，单一发展、片面发展、只顾眼前利益不顾长远利益的发展、先污染后治理的发展，都不是科学的发展。这样的发展不可避免地会给经济社会的发展带来各种消极后果，最终导致经济社会的畸形发展。这就要求把自然、社会、人自身的发展紧密联系起来，把经济、政治、文化、社会、生态的发展紧密联系起来，正确认识和把握自然发展规律、社会发展规律以及人自身的发展规律，正确分析和解决自然、社会、人自身发展过程中面临的各种矛盾和问题。30 多年改革开放的伟大实践启示我们：社会发展的战略目标，不是单纯追求国民生产总值的增长，而是在经济发展的基础上促进社会全面进步，促进人的全面发展；经济体制改革不仅要有利于促进生产力的发展，而且要把握社会主义初级阶段这个最大国情，实现社会和谐和新的进步。

2. 协调发展

社会的发展是由其内在的各个系统相互联系、相互作用的过程，人类文明的进步与发展是人对自然、社会、思维过程不断改造和创新的过程中相互协调发展的。“辩证法是关于普遍联系的科学”[①]，“相互作

① 《马克思恩格斯选集》第 4 卷，人民出版社 1995 年版，第 259 页。

用是事物的真正的终极原因”[①]。经济建设是各项事业发展的基础条件，而政治、文化等事业的发展又反作用于经济发展。马克思主义的唯物主义绝不是拜物教，而是坚持物质第一性的辩证唯物主义。经济增长并不是社会发展的唯一指标，也不是社会发展的全部内容。社会发展的各个方面是互相关联、互相作用的。

所谓协调发展，就是要统筹城乡发展、统筹区域发展、统筹经济社会发展、统筹人与自然和谐发展、统筹国内发展和对外开放，推进生产力和生产关系、经济基础和上层建筑相协调，推进经济、政治、文化、社会、生态建设的各个环节、各个方面相协调。

自党的十六大以来，党中央认真总结我国社会主义建设的历史经验特别是改革开放新时期的新鲜经验，针对我国经济社会发展面临的突出矛盾和问题，适应新形势新任务，提出“五个统筹”的思想。这丰富了我们党关于统筹兼顾的思想，是对现代化建设规律认识的深化，是我国社会主义现代化建设的重要指导方针。

一是统筹城乡协调发展，逐步改变城乡二元经济结构，必须站在经济社会发展全局的高度研究和解决

① 《马克思恩格斯选集》第 4 卷，人民出版社 1995 年版，第 328 页。

“三农”问题，实行以城带乡、以工促农、城乡互动、协调发展。更加注重加快农村发展，进一步落实对农业“多予、少取、放活”的方针，充分调动农民的积极性。统筹推进城乡改革，消除体制性障碍，逐步形成有利于城乡相互促进、共同发展的体制和机制。二是统筹区域协调发展，继续发挥各个地区的优势和积极性，逐步扭转地区差距扩大的趋势，实现共同发展。按照中央明确提出的促进地区协调发展战略布局，坚持推进西部大开发，振兴东北地区等老工业基地，促进中部地区崛起，鼓励东部地区继续率先发展，形成东中西互动、优势互补、相互促进、共同发展的新格局。三是统筹经济社会发展，在大力推进经济发展的同时，更加注重加快社会发展。大力发展教育、科技、文化、卫生、体育等事业。加快社会发展，就要保障人民群众安居乐业，继续做好就业和社会保障工作，化解社会矛盾，保持社会稳定。还要发展社会主义民主，健全社会主义法制，促进协调发展。四是统筹人与自然和谐发展，处理好经济建设、人口增长与资源利用、生态环境保护的关系，推动整个社会走上生产发展、生活富裕、生态良好的文明发展道路，建设资源节约型、环境友好型社会。五是统筹国内发展和对外开放，处理好国内发展和国际环境的关系，既利用好外部的有利条件，又发挥好我们自身的优势，利用国际、国内两个市场两种资源，把扩大内需与扩大外需、利用内资与利用外资结合起来，努力实现国内发展和对外开放相协调。①

3．可持续发展

所谓可持续发展，就是要促进人与自然的和谐，实现经济发展和人口、资源、环境相协调，坚持走生产发展、生活富裕、生态良好的文明发展道路，保证一代接一代地永续发展。

坚持走可持续发展道路，建设资源节约型、环境友好型社会，是贯彻落实科学发展观的战略举措，是统筹人与自然和谐发展和促进可持续发展的重大举措，是实现节约发展、清洁发展、安全发展的重要任务。实施可持续发展的指导思想，是坚持以人为本，以人与自然和谐为主线，以经济发展为核心，以提高人民群众生活质量为根本出发点，以科技和体制创新为突破口，坚持不懈地全面推进经济社会与人口、资源和生态环境的协调，不断提高我国的综合国力和竞争力，为实现第三步战略目标奠定坚实的基础。实施可持续发展的总体目标，是可持续发展能力不断增强，经济结构调整取得显著成效，人口总量得到有效控制，生态环境明显改善，资源利用率显著提高，促

① 刘应杰主编：《中国的发展战略和基本国策》，中共中央党校出版社 2008 年版，第 33 页～34 页。

进人与自然的和谐，推动整个社会走生产发展、生活富裕、生态良好的发展道路。①

建设资源节约型、环境友好型社会，是根据我国国情和可持续发展要求做出的正确抉择。因为我国人口众多，人均资源占有量少，并正处于工业化程度不断提高的发展阶段，所以面临的资源环境压力很大。改革开放以来，我们的经济社会发展在取得举世瞩目的成就的同时，出现了比较严重的环境污染和生态破坏。特别是随着经济快速增长和人口不断增加，资源不足的矛盾越来越尖锐，资源利用、环境保护面临的压力越来越大。克服资源短缺的瓶颈，解决环境污染和生态破坏造成的矛盾和问题，是增强可持续发展能力，实现经济社会又好又快发展的迫切需要，是关系中华民族生存和长远发展的根本大计。建设资源节约型、环境友好型社会，必须充分考虑人口承载力、资源支撑力、生态环境承受力，正确处理经济发展与人口、资源、环境的关系，统筹考虑当前发展和长远发展的需要，不断提高发展的质量和效益，走生产发展、生活富裕、生态良好的文明发展道路。

要把节约能源资源作为一项重大战略任务抓紧抓好。实行节约能源资源的基本国策，坚持开发节约并

① 刘应杰主编：《中国的发展战略和基本国策》，中共中央党校出版社 2008 年版，第 35 页。

重、节约优先。依靠科技进步，增强节约能源资源的能力；建立健全法律法规体系，形成节约资源的体制机制；在全社会加强宣传教育，使节约能源资源成为全社会的自觉行动。保护生态环境关系广大人民的切身利益，关系中华民族的长远发展。必须充分认识保护生态环境的重要性、艰巨性、长期性，坚持保护环境的基本国策，加大保护生态环境的力度，为经济社会可持续发展创造良好条件，为人民群众生产生活创造良好环境。

科学发展观基于马克思主义的辩证思想，系统地、全面地、协调地、可持续地阐述了发展理论，确立了新的发展理念。因此，科学发展观是对马克思、恩格斯关于人类历史的发展规律、发展道路的思想的体现，是马克思主义中国化的最新成果，是中国特色社会主义理论体系的重要组成部分。科学发展观进一步深化了对共产党执政规律、社会主义建设规律、人类社会发展规律的认识，开拓了马克思主义中国化的新境界。科学发展观是全面建设小康社会、推进社会主义现代化建设必须长期坚持的重要指导思想，是同马克思列宁主义、毛泽东思想、邓小平理论和“三个代表”重要思想既一脉相承又与时俱进的科学理论，是对党的三代中央领导集体关于发展的重要思想的继承和推进，是对马克思主义唯物辩证法思想的重大发展，是马克思主义关于发展的世界观和方法论的集中体现，是我国在社会主义现代化建设过程中形成的重大理论突破，是我国经济社会发展的重要指导方针，是发展中国特色社会主义必须坚持和贯彻的重大战略思想，是中国特色社会主义理论体系的重要内容，是马克思主义中国化最新成果，是党最可宝贵的政治和精神财富，是全国各族人民团结奋斗的共同思想基础。

（三）以人为本的基本理念

以人为本作为一种理念而提出有着深刻的社会历史背景。其一，这是对社会历史发展中人的主体地位和作用日益突出的反映。社会越发展，人在社会历史发展中的作用就越突出。全面建设小康社会，人才是保证，人的全面发展是目标，如果没有人的全面发展，就没有也不可能建成全面进步的小康社会。其二，这是对中国发展的经验教训的深刻总结而提升出的一种实践理念。一些地方片面理解以经济建设为中心，一味追求经济增长，因而出现了环境污染问题，破坏了可持续发展能力；出现了人被物化的现象，一部分人没有真正享受到社会发展的成果；出现了贫富差距加大的现象，一部分人失去平等发展的机会。这些发展中付出的代价，促使人们从呼唤现代化走向反思现代性，认识到必须走出片面追求经济增长的发展观念，逐步走向以人为本的科学发展观。

以人为本作为当代中国的发展理念有着特定的思想渊源。在继承文艺复兴时期的人文主义和 18 世纪法国人道主义的基础上，费尔巴哈首次提出人本主义，它虽具有重要的历史进步意义，但也存在逻辑上的严重缺陷。马克思、恩格斯在批判地继承前人特别是费尔巴哈人本主义思想成果的基础上，依据唯物史观的伟大发现，不仅深刻揭示了人类存在的真实本质，而且提出了“人就是人的世界”、“人的根本就是人本身”、“人是人的最高本质”、“人的自由全面的发展”等著名论断，在最普遍意义上对“以人为本”做了最根本的界定和最有力的说明，科学地揭示了人的本质，为“以人为本”思想的确立奠定了坚实基础。马克思主义科学地界定了以人为本中的“人”和“本”。马克思主义认为，“人”有类意义上的一切人、社会群体意义上的广大人民群众和具有独立人格的个人三种基本存在形态。因此，“本”也相应地具有三层含义：一是相对于人的依赖、物的依赖而言，它把人当作主体；二是相对于人被边缘化而言，它把人看作一切事物的最终本质；三是相对于人作为手段而言，它把人作为目的。①

以人为本作为中国共产党的一种执政理念，是我们党洞悉人类社会发展规律、社会主义建设规律和本党执政规律而得出的重要认识。首先，历史进步是社会发展和人的发展相统一的过程：人们的社会历史始终只是他们的个体发展的历史，未来社会以每个人的全面而自由的发展为基本原则，人的自由和全面发展是历史发展进步的标志。其次，人的全面发展是社会主义新社会的本质要求：我们走出长期以来在“人”的认识上的误区，开始着重从生产力角度来理解中国特色社会主义。因此，我们强调解放思想，通过解放思想来解放人，而后又进一步从人的全面发展角度来理解社会主义，认识到社会主义的最高目标是人的全面发展，社会主义本质上就是推进人的全面发展的现实运动。再次，执政为民是对共产党执政规律的准确把握而得出的科学结论：作为一个执政党，只有坚持以人为本，维护和实现好广大人民群众的根本利益，才能巩固党的执政基础和执政地位。最后，把以人为本作为党的执政理念是党在执政理念上的与时俱进：从以毛泽东同志为主要代表的中央领导集体提出“抓革命、促生产”的执政理念，到以邓小平同志为主要

① 韩庆祥等：《马克思开辟的道路》，人民出版社 2005 年版，第 176 页。

代表的中央领导集体提出“一个中心、两个基本点”的新执政理念，再到以江泽民同志为主要代表的中央领导集体提出“三个代表”的更新的执政理念，直到以胡锦涛同志为主要代表的中央领导集体于 2003 年十六届三中全会上提出“坚持以人为本，树立全面、协调、可持续的发展观，促进经济社会和人的全面发展”，才正式把“以人为本”作为党全新的执政理念。

结合当代中国的发展实际，以人为本具有四个层面的基本内涵。其一，在人与自然的关系上，就是不断增强可持续发展能力；其二，在人与社会的关系上，就是既努力使社会发展成果惠及全体人民，积极创造人们能充分发挥其聪明才智的社会环境，不断促进人的全面发展；其三，在人与人的关系上，就是注重社会公正，不断实现人们的平等发展、和谐发展；其四，在人与组织关系上，就是各级组织要为每个人能力的充分发挥提供机会与平台、政策与规则、管理与服务。

科学发展观的核心是以人为本，这里的“人”不是抽象理解，从根本上来说乃是现实社会中的生命活动。以人为本中的“人”是有感性生命的人。贯彻以人为本就是要对人生命的尊重，对人尊严的尊重。科学发展观为人类发展打开了一个新的境界，这一新境界以作为现实的人的感性生命活动，实现了人与自然的原初统一。科学发展观的主旨就是要在追求生产发展的同时，尊重人的生命，尊重生命的尊严，以人的全面自由发展和人的能力的提高为目的，建设一个人与自然、人与社会和谐共处的良好生态环境。

坚持以人为本，就是要以实现人的全面发展为目标，从人民群众的根本利益出发谋发展促发展，不断满足人民群众日益增长的物质文化需要，切实保障人民群众的经济、政治和文化权益，让发展的成果惠及全体人民。以人为本，就是要把人民的利益作为一切工作的出发点和落脚点，不断满足人们的多方面需求和促进人的全面发展。具体来讲，就是在经济发展的基础上，不断提高人民群众物质文化生活水平和健康水平；就是要尊重和保障人权；就是要不断提高人们的思想道德素质、科学文化素质和健康素质；就是要创造人们平等发展、充分发挥聪明才智的社会环境。[①] 马克思曾说过，未来社会是“以每个人的全面而自由的发展为基本原则的社会形式”。[②] 因此，以人为本体现了马克思主义的基本观点，我们所从事的建设中国特色社会主义的伟大事业必须坚持以人为本，一切为了人民，一切依靠人民。

以人为本就是以最广大人民的根本利益为本。坚

① 刘应杰主编：《中国的发展战略和基本国策》，中共中央党校出版社 2008 年版，第 24 页。

② 《马克思恩格斯全集》第 23 卷，人民出版社 1972 年版，第 649 页。

持以人为本，是我们党根据历史唯物主义关于人民是历史发展的主体、是推动历史前进的根本力量的基本原理提出来的。坚持以人为本，与我们党提出的始终代表中国最广大人民的根本利益是完全一致的，与我们党全心全意为人民服务的根本宗旨和立党为公执政为民的本质要求是完全一致的。以人为本的“人”，就是指最广大人民群众；以人为本的“本”，就是指根本，就是最广大人民的根本利益。以人为本体现了立党为公执政为民的本质要求。我们党领导人民进行革命和建设的根本目的，是通过解放和发展生产力，不断提高人民的物质文化生活水平，促进人的全面发展。以人为本，是我们党的根本宗旨和执政理念的集中体现。坚持以人为本，就要坚持立党为公执政为民，始终做到权为民所用、情为民所系、利为民所谋，始终把最广大人民的根本利益作为我们一切工作的最高标准。坚持以人为本，就是要坚持发展为了人民、发展依靠人民、发展成果由人民共享。坚持以人为本，就要以解决广大人民最关心、最直接、最现实的利益问题为切入点。坚持以人为本，就是不断满足人民群众的物质文化需要，实现人的全面发展。

（四）和平发展的基本理念

和平发展是建立在科学发展这一科学理念基础之上的，它主张中国要和平的发展、开放的发展、合作的发展。作为一个拥有 13 亿人口的大国，中国既充分利用世界和平发展带来的机遇发展自己，又以自身的发展更好地维护世界和平，促进共同发展。发展是促进和平的重要基础，而和平是实现发展的前提条件。中国的发展离不开世界，同时又是维护世界和平的重要力量，因为中国的发展必须是和平的、开放的、合作的发展，并与各国和谐共存、互利共赢。和平发展是科学发展的重要外部条件，没有一个和平的国际环境，科学发展必将遭遇挫折或被延缓。

历史教训反复告诉我们，大国崛起既要有经济发展基础上的充裕物质保证，也要有正确的发展方式来实现可持续协调发展。所以，和平发展离不开以科学发展为特征的国家实力。发展是和平之本。科学发展为和平发展提供强大的物质基础，没有科学发展，和平发展就失去了基础和依托。弱国无外交。鸦片战争以后，中华民族所遭受的近百年的屈辱历史反复证明了一个真理：落后就要挨打，发展才是硬道理。始终不渝地走和平发展道路必须以雄厚的经济实力和国际竞争能力为基础，中国的和平发展首先要全面提升自身的综合国力，这有赖于贯彻和落实以发展为第一要义的科学发展观。

科学发展观与坚持走和平发展道路统一于中国特色社会主义理论体系之中，是对社会主义特征的丰富和发展。科学发展观是和平发展的指导思想和核心理念，本质上决定了中国的和平发展之路，而和平发展道路则是中国人民以科学发展观为指导，基本实现现代化的路径选择和目标指向。和平发展道路是人类追求文明进步的一条全新的道路，是中国现代化建设的必由之路，是中国政府和中国人民的郑重选择和庄严承诺。中国的发展将促进国内稳定，有利于世界和平；中国的发展不是建立在牺牲他国利益的基础之上，而是基于自身实际情况的内敛式发展和与世界的同步发展。事实上，中国共产党的第一代领导核心毛泽东早就指出："我国人民应该有一个远大的规划，要在几十年内改变我国在经济上和科学文化上的落后状况，迅速达到世界先进水平。……我国人民还要同世界各国人民团结一起，为维护世界的和平而奋斗。"[①] 在 1989 年，邓小平也曾指出："我们搞的是有中国特色的社会主义，是不断发展社会生产力的社

① 《毛泽东文集》第 7 卷，人民出版社 1999 年版，第 2 页。

会主义，是主张和平的社会主义，只有不断发展社会生产力，国家才能一步步富强起来，人民生活才能一步步改善。”① 江泽民进一步指出：“中国是维护世界和平和地区稳定的坚定力量。我们进行社会主义现代化建设，需要一个长期的和平国际环境特别是良好的周边环境。中国的发展不会对任何国家构成威胁。”② 胡锦涛则强调：“中国将始终不渝走和平发展道路。这是中国政府和人民根据时代发展潮流和自身根本利益作出的战略抉择。”③ 这里包含两层含义：一是要维护一个和平发展的环境，这是我国建设中国特色社会主义的需要。我国在建设中国特色社会主义上已经取得了很大的成绩，但是这个路还很长，社会主义初级阶段是一个相当长的时期，我国需要一个长期的和平发展环境。二是走和平发展的道路要求我们必须在构建一个公平、合理、和谐的世界上发挥更大的作用。中国走什么路，发挥什么作用，是一个既关系自己又关系世界的大问题。

当前国际形势总体趋向缓和，和平与发展成为当今世界的主题，要和平、求合作、促发展已经成为时代的主流。各国人民要求平等相待、友好相处的呼声

---

① 《邓小平文选》第3卷，人民出版社1993年版，第328页。

② 《江泽民文选》第2卷，人民出版社2006年版，第41页。

③ 胡锦涛：《高举中国特色社会主义伟大旗帜，为夺取全面建设小康社会新胜利而奋斗》，《人民日报》2007年10月25日。

日益增强。维护和平，促进发展，事关各国人民的福祉，是各国人民的共同愿望，也是不可阻挡的历史潮流。世界多极化和经济全球化趋势的发展，给世界的和平与发展带来了机遇和有利条件。同时，不公正不合理的国际政治经济旧秩序没有根本改变，影响和平与发展的不确定因素在增加，恐怖主义危害上升，霸权主义和强权政治有新的表现，民族、宗教矛盾和边界、领土争端导致的局部冲突时起时伏，热点问题此起彼伏。全球经济失衡加剧，南北差距拉大，传统安全威胁和非传统安全威胁相互交织，世界和平与发展面临诸多难题和挑战。中国致力于在和平的环境中发展自己，中国的发展是世界和平力量的发展，中国也必将通过自身发展来维护和促进世界的和平。

和平发展的基本理念也符合新中国外交政策的基本原则和宗旨，即维护世界和平与安全，促进各国共同发展。反对霸权主义和强权政治，“中国永远属于第三世界”，“永远不会称霸”①。中国的对外政策是独立自主的，“在争取和平的前提下，一心一意搞现代化建设，发展自己的国家”。② 邓小平强调指出：“我们诚心诚意地希望不发生战争，争取长时间的和平，集中精力搞好国内的四化建设。”③ 在一系列国

① 《邓小平文选》第3卷，人民出版社1993年版，第56页。

② 《邓小平文选》第3卷，人民出版社1993年版，第57页。

③ 《邓小平文选》第3卷，人民出版社1993年版，第57页。

际事务中，共同分享发展机遇，共同应对各种挑战，推进人类和平与发展的崇高事业，事关各国人民的根本利益，也是各国人民的共同心愿。中国政府一贯主张，各国人民携手努力，推动建设持久和平、共同繁荣的和谐世界。为此，应该遵循联合国宪章宗旨和原则，恪守国际法和公认的国际关系准则，在国际关系中弘扬民主、和睦、协作、共赢精神。政治上相互尊重、平等协商，共同推进国际关系民主化；经济上相互合作、优势互补，共同推动经济全球化朝着均衡、普惠、共赢方向发展；文化上相互借鉴、求同存异，尊重世界多样性，共同促进人类文明繁荣进步；安全上相互信任、加强合作，坚持用和平方式而不是战争手段解决国际争端，共同维护世界和平稳定；环保上相互帮助、协力推进，共同呵护人类赖以生存的地球家园。

当代中国同世界的关系发生了历史性变化，中国的前途命运日益紧密地同世界的前途命运联系在一起。中国将始终不渝走和平发展道路。这是中国政府和人民根据时代发展潮流和自身根本利益作出的战略抉择。中华民族是热爱和平的民族，中国始终是维护世界和平的坚定力量。我们坚持把中国人民的利益同各国人民的共同利益结合起来，秉持公道，伸张正义。我们坚持国家不分大小、强弱、贫富一律平等，尊重各国人民自主选择发展道路的权利，不干涉别国内部事务，不把自己的意志强加于人。中国致力于和平解决国际争端和热点问题，推动国际和地区安全合作，反对一切形式的恐怖主义。中国奉行防御性的国防政策，不搞军备竞赛，不对任何国家构成军事威胁。中国反对各种形式的霸权主义和强权政治，永远不称霸，永远不搞扩张。

中国还将始终不渝奉行互利共赢的开放战略，继续以自己的发展促进地区和世界共同发展，扩大同各方利益的汇合点，在实现本国发展的同时兼顾对方特别是发展中国家的正当关切。中国将继续贯彻与邻为善、以邻为伴的周边外交方针，加强同周边国家的睦邻友好和务实合作，积极开展区域合作，共同营造和平稳定、平等互信、合作共赢的地区环境。中国将继续加强同广大发展中国家的团结合作，深化传统友谊，扩大务实合作，提供力所能及的援助，维护发展中国家的正当要求和共同利益。中国将继续积极参与多边事务，承担相应国际义务，发挥建设性作用，推动国际秩序朝着更加公正合理的方向发展。

和平发展是中国国家发展战略的一部分，展示了科学发展观的世界眼光。中国主张和平发展、开放发展、合作发展。和平发展为科学发展、和谐发展创造了有利的外部条件。和平发展，精髓是利用世界和平带来的机遇实现自身发展，又以自身的发展来维护世界和平，促进共同繁荣。坚持和平发展，反映了中国人民的根本愿望。坚持和平发展，是中国人民的历史选择。坚持走和平发展之路，是由中国国情决定的。中国是世界上最大的发展中国家。中国坚定不移地走和平发展道路，同世界各国人民一道，共同推进人类和平与发展的崇高事业。我国把和平发展既作为发展目标，又作为发展方式，把科学发展观提到了新的战略高度。以科学的发展理念和方式实现和谐、可持续发展，不以扩张作为发展的手段，不以他国的牺牲作为发展的基础，并以自身的发展维护世界的和平与稳定，从这个意义上说，中国特色社会主义的发展就是和平发展，就是负责任大国的表现。

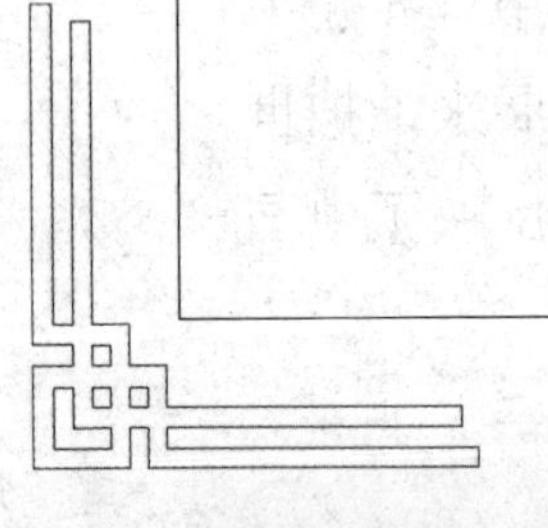

二、中国特色社会主义道路的发展战略

（一）科教兴国战略

1. 科教兴国战略的确立

迄今为止，人类社会经历了三次科技革命，每一次科技革命都促使社会生产力产生一次大飞跃，对世界经济、人类的生产和生活方式产生巨大而深远的影响。在新科技革命的推动下，科技进步越来越成为经济发展的决定因素，国际竞争就演变成为以经济为基础、以高科技为先导的综合国力的竞争。为在新一轮的竞争中夺得优势，世界各国都在积极努力。我国作为一个发展中国家，要想应对知识经济的挑战，迅速缩小与发达国家的距离，早日实现现代化宏伟目标，必须立足国情，吸取历史教训，抓住历史机遇，借助科学技术的强力奋起直追。

邓小平作为中共第二代中央领导集体的核心、改革开放的总设计师，纵观世界科学技术和生产发展的态势，根据当代科学技术为生产开辟道路、给世界经济和社会各个领域带来巨变的事实，早在1988年9月5日在会见捷克斯洛伐克总统胡萨克时的谈话中即果断提出了“科学技术是第一生产力”的论断，鲜明地指出了现代科技进步与现代社会发展之间的辩证关系。1978年3月在全国科学大会上，他明确指出：“四个现代化，关键是科学技术现代化。没有现代科学技术，就不可能建设现代农业、现代工业、现代国防。没有科学技术的高速发展，也就不可能有国民经济的高速度发展”[①]，并且重申了“科学技术是生产力”这个马克思主义论点：“现代科学技术正在经历着一场伟大的革命。近30年来，现代科学技术不只是在个别的科学理论上、个别的生产技术上获得了发展，也不只是有了一般意义上的进步和改革，而是几乎各门科学技术领域都发生了深刻的变化，出现了新

---

① 《邓小平建设有中国特色社会主义论述专题摘编》（新编本），中央文献出版社1995年版，第122页。

的飞跃，产生了并且正在继续产生一系列新兴科学技术。现代科学为生产技术的进步开辟道路，决定它的发展方向。”[①] 1988年，邓小平在同捷克斯洛伐克总统胡萨克谈话时进一步指出：“马克思说过，科学技术是生产力，事实证明这话讲得很对。依我看，科学技术是第一生产力。”[②] 1992年春，邓小平在视察南方的谈话中又说：“经济发展得快一点，必须依靠科技和教育。我说科学技术是第一生产力。”[③] 这是一个划时代的科学论断。这一论断揭示了科学技术在人类社会发展中的关键作用，将人类对科学技术功能的认识提高到一个全新的水平，既凸显了科学技术在中国特色社会主义事业中的战略地位，又创造性地发展了马克思主义关于生产力的学说。

邓小平还端正了人们关于科技与教育关系的一些错误认识，准确定位和论述了教育的地位和作用，提出了“基础在教育”的论断。他说：“我们要实现现代化，关键是科学技术要能跟上去。发展科学技术，不抓教育不行。”“抓科技必须同时抓教育。从小学抓起，一直到中学、大学。”[④] 因为“我们国家要赶上世界先进水平，从何着手呢？我想，要从科学和教育

① 《邓小平文选》第2卷，人民出版社1993年版，第87页。

② 《邓小平文选》第3卷，人民出版社1994年版，第274页。

③ 《邓小平文选》第3卷，人民出版社1994年版，第377页。

④ 《邓小平文选》第2卷，人民出版社1994年版，第40页。

着手”。[①] 1983年10月，邓小平为景山学校题词，要求“教育要面向现代化，面向世界，面向未来”。[②]“科学技术人才的培养，基础在教育”。他号召“各行各业都要来支持教育事业，大力兴办教育事业”[③]，以教育的优先发展和全面振兴来带动科技的进步和经济的腾飞。为此，邓小平先后提出了“实现四个现代化，科技是关键，教育是基础，人才是根本”、“经济发展地快一点，必须依靠科技和教育”、“尊重知识、尊重人才，反对不尊重知识分子的错误思想”的著名论断。现代社会，教育担负着培养科技人才、提高劳动者素质的重要任务，发展教育不仅是科技创新、经济持续增长、社会全面进步的必要条件，而且是提高全民族素质、把沉重的人口负担转化为人力资源优势、加快我国现代化建设步伐的一条必由之路。所以，邓小平指出：“一个十亿人口的大国，教育搞上去了，人才资源的巨大优势是任何国家比不了的。有了人才优势，再加上先进的社会主义制度，我们的目标就有把握达到。”[④] 人才已成为知识经济时代的战略资源之一，因此，邓小平特别强调“尊重知识，尊重人才”。他强调要在党内、在全社会造成一种尊重

① 《邓小平文选》第2卷，人民出版社1994年版，第48页。
② 《邓小平文选》第3卷，人民出版社1993年版，第35页。
③ 《邓小平文选》第2卷，人民出版社1994年版，第95页。
④ 《邓小平文选》第3卷，人民出版社1993年版，第120页。

知识、尊重人才的空气，只有充分调动知识分子的积极性，我国的现代化建设才能逐步实现①。

新科技革命背景下产生的邓小平的科教兴国思想立足于我国社会主义现代化建设全局的高度，揭示了教育在促进科技进步、经济社会发展中的重要作用，强调了知识和人才的重要性，为我国教育事业的发展提供了重要的战略指导。这一思想既在许多方面继承了马克思、恩格斯、列宁的科技思想，又对之进行了全面的丰富和全新的创造，使马克思主义的科技思想在新时代得到了升华，达到了新的历史高度。这一思想既切合我国现实国情，又具有高度的战略指导性，是中国特色社会主义理论的重要组成部分，是他留给我们的极其宝贵的精神财富。在邓小平科教兴国思想的指导下，我国科教事业得到较快的恢复与发展，从而为 20 世纪 90 年代我国科教兴国战略的最终确立提供了坚实的理论和实践基础。

以江泽民为核心的中共第三代中央领导集体，针对世界多极化、经济全球化加速发展以及中国的改革开放事业不断向纵深推进的新形势，在科技和教育的发展方面提出了一系列新思想和新理论并进行了果敢

① 席巧娟主编：《科教兴国战略》，北京科学技术出版社 2002 年版，第 123 页。

实践，正式确立了我国的科教兴国战略[①]。1989 年，江泽民指出："我们还是一个发展中国家，人口多，底子薄，人均资源少，经济文化比较落后，这些都是经济和社会发展中的长期制约因素。我们在这种历史条件下进行社会主义现代化建设，要大幅度提高劳动生产率，提高人民群众的物质文化生活水平，必须在推动科学技术的进步上付出艰苦的努力，现代科学技术正在经历着深刻的革命，大力发展我国的科学技术，在总体上逐步缩短同发达国家的差距，努力接近和赶上世界先进水平，是摆在全党全国各族人民面前的一项紧迫任务。"[②] 1992 年 10 月，江泽民在十四大报告中指出，"科学技术是第一生产力。振兴经济首先要振兴科技。只有坚定地推进科技进步，才能在激烈的竞争中取得主动。当前，我国经济正面临着加速发展、调整结构、提高效益的重大任务，尤其需要全社会提高科技意识，多方面增加科技投入，真正依靠科技进步"。"科技进步、经济繁荣和社会发展，从根本上说取决于提高劳动者的素质，培养大批人才。我们必须把教育摆在优先发展的战略地位，努力提高全民族的思想道德和科学文化水平，这是实现我国现代

---

① 赵玉林等：《科教兴国论》，湖北教育出版社 1998 年版，第 31 页。

② 江泽民：《推动科技进步是全党全民的历史性任务——在国家科学技术奖励大会上的讲话》，《人民日报》1989 年 12 月 20 日。

化的根本大计。"[①] 科技和教育优先发展的战略地位，历经中国共产党两代中央领导集体的苦苦酝酿，我国的科教兴国战略终于在 20 世纪 90 年代被作为全党的共识进一步确定下来。

1995 年 5 月 6 日，中共中央、国务院发布了《关于加快科学技术进步的决定》，指出："科学技术是第一生产力，是经济和社会发展的首要推动力量，是国家强盛的决定性因素。为大幅度提高社会生产力，增强综合国力，提高人民生活水平，确保我国现代化建设三步走战略目标的顺利实现，必须大力发展科学技术，加速全社会的科技进步。""科教兴国，是指全面落实科学技术是第一生产力的思想，坚持教育为本，把科技和教育摆在经济、社会发展的重要位置，增强国家的科技实力及向现实生产力转化的能力，提高全民族的科技文化素质，把经济建设转移到依靠科技进步和提高劳动者素质的轨道上来，加速实现国家的繁荣强盛。实施科教兴国战略，是全面落实科学技术是第一生产力思想的战略决策，是保证国民经济持续、快速、健康发展的根本措施，是实现社会主义现代化宏伟目标的必然抉择，也是中华民族振兴的必由之路。十一届三中全会以后，党的工作重点转

① 《江泽民文选》第 1 卷，人民出版社 2006 年版，第 232、233 页。

移到以经济建设为中心，实施科教兴国战略，是这一转移的进一步深化和向更高阶段的发展，必将使生产力产生新的飞跃。”关于科教兴国战略，江泽民又在中共十四大报告中强调“科技人才是第一生产力的开拓者，是社会主义现代化建设的骨干力量。为适应社会主义现代化建设的需要，提高经济、科技在国际上的竞争力，必须充分发挥现有科技人员的作用，培养、造就千百万年轻一代科学技术人才，建设一支跨世纪的宏大科技队伍。”“领导广大人民群众实施科教兴国战略，是新时期各级党委和政府的神圣职责。”①实施科教兴国战略，必须建设高水平的科技队伍，提高全民族科技文化素质。加速培养优秀科学技术人才是一项十分紧迫的战略任务。推进科学技术进步是全党全国人民的一项历史性任务，各地区、各部门及社会各界要团结协作，共同努力，为实施科教兴国的战略做出贡献②。

2. 科教兴国战略的重要性

实施科教兴国战略，是党中央、国务院贯彻科学技术是第一生产力的思想，审时度势做出的一项重大决策，是保证国民经济持续快速健康发展的根本措

---

① 《十四大以来重要文献选编》(中)，人民出版社 1997 年版，第 1357 页。

② 《江泽民文选》第 1 卷，人民出版社 2006 年版，第 426 页。

施，是实现社会主义现代化宏伟目标的必然抉择，也是实现中华民族伟大复兴的必由之路。江泽民在1995年5月26日召开的全国科学技术大会上的讲话中指出："党中央、国务院决定在全国实施科教兴国战略，是总结历史经验和根据我国现实情况所作出的重大部署。没有强大的科技实力，就没有社会主义的现代化。科教兴国，是指全面落实科学技术是第一生产力的思想，坚持教育为本，把科技和教育摆在经济、社会发展的重要位置，增强国家的科技实力及向现实生产力转化的能力，提高全民族的科技文化素质，把经济建设转移到依靠科技进步和提高劳动者素质的轨道上来，加速实现国家的繁荣强盛。这是顺利实现三步走战略目标的正确抉择。实施科教兴国战略，必将大大提高我国经济发展的质量和水平，使生产力有一个新的解放和更大的发展。"① 这一战略的实施，为造就一支高水平的科学技术队伍，提高全民科技、教育水平，建设社会主义现代化强国打下了坚实的基础。进入新世纪以后，随着知识经济和经济全球化的发展，人才在综合国力的竞争中越来越具有决定性意义。随后党的十四届六中全会提出了面向21世纪实施科教兴国的政策建议。1996年，八届全国

① 江泽民：《在全国科学技术大会上的讲话》，《光明日报》1995年6月5日。

人大四次会议正式提出了《国民经济和社会发展“九五”计划和2010年远景目标》，指出：“实施科教兴国战略和可持续发展战略这两大战略，对于今后十五年的发展乃至整个现代化的实现，具有重要意义。要面向经济建设，加快科技进步。在当代条件下，科学技术作为第一生产力的作用越来越突出，成为推动经济社会发展和国家强盛的决定性因素。经济建设必须依靠科学技术，科学技术工作必须面向经济建设。优先发展教育，提高国民素质。这是我国现代化事业的百年大计。”① 把实施科教兴国战略确定为今后十五年国民经济和社会发展必须认真贯彻的九条重要方针之一。

1997年，党的十五大进一步把“科教兴国”确定为跨世纪的国家发展战略。1998年5月4日，江泽民在庆祝北京大学建校100周年大会的讲话中，明确提出：“当今世界，科学技术突飞猛进，知识经济已见端倪，国力竞争日趋激烈。……全党和全社会都要高度重视知识创新、人才开发对经济发展和社会进步的重大作用，使科教兴国真正成为全民族的广泛共识和实际行动。”他还说：“教育应与经济社会发展紧密结合，为现代化建设提供各类人才支持和知识贡

① 《建国以来国民经济和社会发展五年计划重要文件汇编》，中国民主法制出版社2008年版，第207页。

献。这是面向 21 世纪教育改革和发展的方向。"[①] 江泽民从更高、更深、更长远的层面上揭示了在现实的知识经济已见端倪的时代，"科教兴国"是我们抓住机遇，迎接挑战的基本途径。

3. 科教兴国战略的助推器

在邓小平创新思想的基础上，江泽民将创新提高到了关系中华民族甚至全人类进步与否的高度。1999 年 8 月，江泽民在中共中央、国务院召开的全国技术创新大会上指出："科技创新已越来越成为当今社会生产力的解放与发展的重要基础和标志，越来越决定着一个国家、一个民族的发展进程。如果不能创新，一个民族就难以兴盛，难以屹立于世界民族之林。"[②] 这一理论极具现实意义。中国要从根本上解决经济结构不合理、劳动技术水平低、劳动生产率低、经济增长质量低等问题，要实现经济社会的快速发展，要增强自己的综合国力与竞争力，要跟上知识经济的步伐，引进、学习国外先进技术固然重要，而自己的探索和创造才是根本。作为一个发展中的大国，我们必须拥有自主创新的能力，掌握科技发展的主动权。否则一旦遇到特殊情况，我们就难以维护国家的安全。

① 江泽民：《在庆祝北京大学建校 100 周年大会上的讲话》，《人民日报》1998 年 5 月 4 日。

② 《江泽民文选》第 2 卷，人民出版社 2006 年版，第 392 页。

江泽民的创新理念揭示了科技的本质特征，指明了中国科技的发展方向，是对时代脉搏的准确把握，是新时期我国科技事业发展的精神动力。

2000 年 6 月，江泽民在中国科学院第十次院士大会和中国工程院第五次院士大会的讲话中指出："面对世界经济、科技发展的新形势，我们必须在全国兴起一个科技进步和创新的高潮。我们要抓紧实施科教兴国战略和可持续发展战略，抓紧国家创新体系建设，抓紧推进科技创新和知识创新。""整个人类历史，就是一个不断创新、不断进步的过程。没有创新，就没有人类的进步，就没有人类的未来。""创新是一个民族进步的灵魂，是国家兴旺发达的不竭动力。"[①] 2002 年 5 月，江泽民在中国科学院第十一次院士大会、中国工程院第六次院士大会上把科技创新与"三个代表"重要思想联系起来，指出："科技进步和创新是生产力发展的关键因素，也是文化发展的重要因素。大力推进我国的科技进步和创新，是我们发展先进生产力和先进文化的必然要求，也是我们维护和实现最广大人民根本利益的必然要求。"他要求科技界"全面贯彻'三个代表'要求，坚持实施科教兴国战略，大力推进科技创新，努力为我国先进生产

① 《江泽民文选》第 3 卷，人民出版社 2006 年版，第 34 页～35 页。

力和先进文化的发展，为维护和实现我国最广大人民的根本利益不断贡献智慧和力量。”① 2002 年 11 月，中共十六大指出“走新型工业化道路，大力实施科教兴国战略。实现工业化仍然是我国现代化进程中艰巨的历史性任务。信息化是我国加快实现工业化和现代化的必然选择。坚持以信息化带动工业化，以工业化促进信息化，走出一条科技含量高、经济效益好、资源消耗低、环境污染少、人力资源优势得到充分发挥的新型工业化路子”。② 走新型工业化道路，必须发挥科学技术作为第一生产力的重要作用，注重依靠科技进步和提高劳动者素质，改善经济增长质量和效益。加强基础研究和高技术研究，推进关键技术创新和系统集成，实现技术跨越式发展。鼓励科技创新，在关键领域和若干科技发展前沿掌握核心技术和拥有一批自主知识产权。深化科技和教育体制改革，加强科技教育同经济的结合，完善科技服务体系，加速科技成果向现实生产力转化。推进国家创新体系建设。发挥风险投资的作用，形成促进科技创新和创业的资本运作和人才汇集机制。

以胡锦涛同志为主要代表的党中央，面对新世纪国际国内各领域日新月异的变化，在总结科教兴国战

① 许先春、林振义：《江泽民科技思想研究》，浙江科学技术出版社 2006 年版，第 23 页。

② 《江泽民文选》第 3 卷，人民出版社 2006 年版，第 543 页。

略实施过程中所取得的经验教训的基础上，就新时期我国科教工作的继续深化提出了新观点、新理论并付诸实施，使我国的科教兴国战略得以不断向前推进，提出了更新更高的战略——人才强国战略。当今世界国与国之间的竞争，本质上是科技与经济实力的竞争，最终归结为人才的竞争。继邓小平、江泽民的创新思想之后，胡锦涛将创新提到了国家发展的战略高度，并提出了关于创新的具体目标和要求——“建设创新型国家”。

总之，以邓小平、江泽民、胡锦涛为主要代表的中央领导集体，针对国内外不同时期的不同特点，提出了相互联系又各有特色的科教兴国理论，为我国科教兴国战略的酝酿、确立和推进注入了源源不断的精神动力，促进了我国科教事业的持续发展，进而推动了我国经济社会各方面的发展与进步。通过深入实施科教兴国和人才强国战略，我国的人才基础必将越来越雄厚，国家创新体系必将越来越完善，自主创新能力也将越来越强，我国的科技实力乃至综合国力必将向更高水平发展。

4. 科教兴国战略的主要内容和已有成就

从 1995 年全国科技大会首次正式提出实施科教兴国战略到 1996 年全国人大八届四次会议将科教兴国战略确立为我们的基本国策，科教兴国战略的主要内容也基本确定。一是科技、教育必须为经济和现代化建设服务。当代世界，一个国家经济发展的后劲将越来越取决于劳动者素质和专门人才的数量质量，科技进步与经济社会发展的关系也越来越密切。科教兴国战略要求正确处理经济、科技、教育相互促进和协调的关系，把经济建设转移到依靠科技进步和提高劳动者素质的轨道上来。二是科技是第一生产力。马克思早就讲过："生产力中也包括科学。"邓小平以马克思主义为指导，深刻总结概括了当代社会生产力和科学技术的最新发展，提出"科学技术是第一生产力"的光辉论断，揭示了科学技术对当代生产力发展和社会经济发展的第一位变革作用。一部世界经济发展史，就是先进生产力替代、淘汰落后生产力的历史，而决定这一进程的直接原因是科学技术的进步和发展。三是教育为本、必须把教育摆在优先发展的战略地位。教育在现代化建设中具有基础性、先导性、全局性作用和战略地位，是一个民族最根本的事业，担负着提高劳动者素质和培养专门人才的重要任务。发展教育不仅是经济持续增长、科技发展创新、社会全面进步的必要条件，而且是提高全民族素质、变人口负担为人力资源优势、加快我国现代化建设步伐的必由之路。教育是现代化建设的基础，必须坚持把教育摆在优先发展的战略地位。四是尊重知识、尊重人才。当今时代，激烈的国际竞争实质上是综合国力的竞争，其中，科技是关键，教育是基础，人才是核心。知识和人才的社会价值、我国现代化建设的实际需要以及国际竞争的新形势，决定了知识和人才是社会主义现代化建设的宝贵财富，知识和人才理应受到全社会的重视和尊重。能否做到尊重知识和人才，能否充分发挥广大知识分子的才能，在很大程度上决定着我们民族的盛衰和现代化的进程。五是深化科技教育体制改革。《关于加速科学技术进步的决定》和《中国教育改革和发展纲要》分别提出了科技和教育改革的任务和目标，科教兴国战略为今后我国科技教育体制的改革指明了方向。

科教兴国战略的实施，推动我国科技和教育事业进入了新的发展时期。党和国家高度重视，并采取得力措施，首先解决科技教育与经济社会发展相脱节的问题：一是从组织入手，成立国家科技教育领导小组，加强对科技教育工作的宏观指导和协调；二是进一步明确工作思路，通过相继出台一系列《决定》和相继召开一系列会议，强调科技工作的重点是加强技术创新，发展高科技，教育工作的重点是深化教育体制改革，全面推进素质教育；三是努力从体制、机制、政策及观念等各个方面促进科技、教育与经济、社会发展的结合；四是加大对科技教育事业的投入；五是启动一系列国家级科技教育计划。经过近十年的发展，我国科技事业实现了新跨越。科技创新能力逐步增强，科学知识生产数量增长迅速，一些关键技术取得重大突破，某些重点和关键领域接近或达到国际先进水平，科技对经济社会发展的贡献不断增大，高新技术产业已成为拉动国民经济增长的重要力量，科技进步已成为我国经济和社会发展的强大动力。教育优先发展战略得到顺利实施，尤其是广大中西部地区农村义务教育大为改观，我国教育事业不断跃上新台阶，为社会主义现代化建设提供了强有力的智力支持。

（二）人才强国战略

1. 人才强国战略的提出

新世纪新阶段，以胡锦涛同志为主要代表的中央领导集体，面对新世纪国际国内各领域日新月异的变化，在总结科教兴国战略实施过程中所取得的经验教训的基础上，就新时期我国科教工作的继续深化提出了新观点、新理论并付诸实施，使我国的科教兴国战略得以不断向前推进，最终提出了人才强国战略。

我们党历来高度重视人才工作，注重发挥人才在革命、建设和发展中的重要作用。毛泽东曾指出，

"世间一切事物中，人是第一个最可宝贵的"。十一届三中全会后，邓小平提出了"尊重知识、尊重人才"的著名论断。2000 年，江泽民进一步做出了"人才资源是第一资源"的科学论述。随着科技革命的迅速发展，综合国力的竞争越来越表现为人才的竞争。2003 年 12 月 19 日至 20 日在北京召开的全国人才工作会议，胡锦涛在会上发表了题为《实施人才强国战略、坚持党管人才原则》的重要讲话，提出要实施人才强国战略。胡锦涛指出："人才问题是关系党和国家事业发展的关键问题。全党同志必须从全局和战略的高度，以高度的政治责任感和历史使命感，把实施人才强国战略作为党和国家一项重大而紧迫的任务抓紧抓好。"以胡锦涛为主要代表的中央领导集体，在毛泽东、邓小平、江泽民关于人才理论的基础上，结合新时期经济社会发展的新特点，提出了人才强国战略。2005 年 10 月召开的十六届五中全会通过的《中共中央关于制定国民经济和社会发展第十一个五年规划的建议》进一步提出，要深入实施人才强国战略。"加快推进人才强国战略。树立人才资源是第一资源的观念，坚持党管人才原则"。① 2007 年，十七大进一步提出，要贯彻"四个尊重"的方针，坚持党管人

① 《中共中央关于制定国民经济和社会发展第十一个五年规划的建议》，《人民日报》2005 年 10 月 18 日。

才原则，统筹抓好各级人才队伍建设，创新人才工作体制机制，激发各类人才创造活力和创业热情，开创人才辈出、人尽其才的新局面。2012 年召开的十八大，继续强调“坚持党管人才原则，把各方面优秀人才集聚到党和国家事业中来。广开进贤之路，广纳天下英才，是保证党和人民事业发展的根本之举。要尊重劳动、尊重人才、尊重创造，加快确立人才优先发展战略布局，造就规模宏大、素质优良的人才队伍，推动我国由人才大国迈向人才强国。”“加快人才发展体制机制改革和政策创新，建立国家荣誉制度，形成激发人才创造活力、具有国际竞争力的人才制度优势，开创人人皆可成才、人人尽展其才的生动局面。”

2. 实施人才强国战略的重大意义

在邓小平、江泽民创新思想的基础上，胡锦涛阐发了关于创新的具体目标和要求，特别强调了人才之于国家强盛的极端重要性。2006 年 1 月 9 日，他在全国科学技术大会上以“坚持走中国特色自主创新道路，为建设创新型国家而努力奋斗”为题作了重要讲话。“科技创新，关键在人才。杰出科学家和科学技术人才群体，是国家科技事业发展的决定性因素。当前，人才竞争正成为国际竞争的一个焦点。无论是发达国家还是发展中国家，都把科技人力资源视为战略资源和提升国家竞争力的核心因素，大力加强科技人力资源能力建设。源源不断地培养造就大批高素质的具有蓬勃创新精神的科技人才，直接关系到我国科技事业的前途，直接关系到国家和民族的未来”①。

第一，实施人才强国战略，是应对日益激烈的国际竞争的必然要求。当今世界，经济全球化不断深入，科技高速化日新月异，人才资源已成为最重要的战略资源，人才竞争已成为最具全局影响力的竞争，人才工作已成为各个国家最重视的一项工作。当今世界的竞争，本质上是科技与经济实力的竞争，最终归结为人才与教育实力的竞争。一个民族、一个国家普及教育程度与科学文化素质的高低，成为决定这个民族或国家的科技与经济发展水平的主要因素，实际上还决定着其在国际竞争中的地位和命运。在世界新科技革命推动下，知识在经济社会发展中的作用日益突出，国民财富的增长和人类生活的改善越来越有赖于知识的积累和创新。科技竞争成为国际综合国力竞争的焦点。当今时代，谁在知识和科技创新方面占据优势，谁就能够在发展上掌握主动。

第二，实施人才强国战略，是党和国家抓住和用好重要战略机遇期所必须完成的一项重大而紧迫的任务。人才强国战略是我们党和国家面对新世纪新阶段

① 胡锦涛：《坚持走中国特色自主创新道路，为建设创新型国家而努力奋斗》，《人民日报》2006 年 1 月 9 日。

的发展任务和时代挑战而提出的一项重大战略。实施人才强国战略，是我们党根据新世纪新阶段国际国内形势的新变化，适应党的历史任务要求而作出的一项重大决策。21 世纪头 20 年是我国全面建设小康社会、开创中国特色社会主义事业新局面的重要战略机遇期。国以才立，政以才治，业以才兴。一个国家、一个民族、一个政党，只有人才辈出，才能兴旺发达。况且，机遇难得，人才难求。因此，大力实施人才强国战略，是抓住并用好重要战略机遇期、应对日益激烈的国际竞争的必然要求，也是增强党的执政能力、巩固党的执政地位的必然要求。

第三，实施人才强国战略，是充分发挥我国比较优势、增强我国发展后劲的重大战略决定。我国是当今世界的人口大国，同时又是人均资源小国，发展越来越受到资源供给的严重制约。但相对其他资源的相对短缺，中国的人力资源却是世界上最为丰富的。然而，中国又并非人才大国，人才总量和质量与世界上发达国家相比差距很大，也与我国社会主义现代化建设的要求不相适应。因此，真正把人才资源能力建设作为一项重要战略任务，摆在人才强国战略的优先位置，着眼于人才总量的增长和人才质量的提升，为各类人才不断涌现和充分发挥作用奠定坚实基础，就成了党和国家的一项重大决策。只要人力资源、人才资源开发得好，就可以把我国的人口压力转变为人才优势，把我国由人口大国转化为人才大国，这不仅可以有力地缓解我国因其他资源方面短缺给发展带来的严重制约，而且可以在人才素质和能力的国际竞争中赢得主动。[①]

3. 实施人才强国战略的目标和任务

实施人才强国战略，就是在建设中国特色社会主义的伟大事业中，把人才作为推进事业发展的关键因素，积极参与国际人才竞争，通过人才的培养、吸引和使用，努力造就大量的高素质劳动者和各级各类人才，建设一支规模宏大、结构合理、素质较高的人才队伍，充分发挥人才的积极性、主动性和创造性，开创人才辈出、人尽其才的新局面，大力提升国家综合国力，为全面建设小康社会和实现中华民族伟大复兴提供重要保证。切实抓好人才强国战略，要坚持以邓小平理论、“三个代表”重要思想和科学发展观为指导，坚持党管人才原则，坚持以人为本，坚持“四个尊重”方针，把促进发展作为人才工作的根本出发点，紧紧抓住培养、吸引、用好人才三个环节，加强人才资源能力建设，深化人才工作体制改革，大力培养各类人才，加快人才结构调整，优化人才资源配

① 刘应杰主编：《中国的发展战略和基本国策》，中共中央党校出版社 2008 年版，第 108 页～109 页。

置，促进人才合理分布，充分开发国内国际两种人才资源，努力把各类优秀人才集聚到党和国家的各项事业中来，使我国由人口大国转化为人才强国，为全面建设小康社会提供坚强的人才保证和智力支持。

新中国成立以来，党中央高度重视人才工作，实施人才战略，开发人力资源，大批优秀人才脱颖而出、健康成长，在改革开放和现代化建设中发挥了重要作用。总体而言，我国人才素质不断提高，人才结构得到改善，干部人事制度改革取得重大进展，市场配置人才资源的格局正在形成，人才环境逐步优化，人才队伍建设成绩显著。但是，进入新世纪新阶段，国际形势变化剧烈，人才竞争日益激烈，我国人才队伍现状同新形势新任务的要求还不相适应，主要体现为人才总量相对不足，结构不够合理，创新能力不强，人才工作的制度和机制不够健全，人才的积极性、主动性、创造性还没有得到充分发挥。其症结在于，人才观念问题（必须进一步解放思想，更新观念，充分认识人才资源是第一资源，将人才问题置于各项工作的中心位置）、人才开发问题（我国目前形成的人才队伍无论在数量上还是在整体素质上都不能完全适应人才强国战略的需要）、人才流动问题（原有的经济体制等阻碍人才流动的体制障碍还较多，使我国人才和劳动力配置的市场化程度不高，难以真正实现人才资源优化配置）、人才结构问题（存在严重的专业结构、能级结构、产业分布、行业分布、地区分布、所在制间的分布不合理现象)、人才体制问题(科学的人才选拔作用机制和监督管理机制尚未完全建立起来)等长期没能得到有效解决,以致成为人才工作发展的瓶颈和桎梏。

为此,当前和今后一个时期,实施人才强国战略任务很重,要重点抓好以下几个方面:一是以能力建设为核心,大力加强人才培养工作。人才资源能力建设是人才培养的核心,要树立大教育大培训观念,重点培养人的学习、实践和创新能力;加快构建现代国民教育体系,更好地为经济社会全面发展培养人才;加快构建终身教育体系,促进学习型社会的形成。二是坚持改革创新,努力形成科学的人才评价和使用机制。要建立以能力和业绩为导向、科学的社会化的人才评价机制;建立以公开、平等、竞争、择优为导向,有利于优秀人才脱颖而出、充分施展才能的选人用人机制。三是建设和完善人才市场体系,促进人才合理流动。要建立和完善人才市场体系,进一步发挥市场在人才资源配置中的基础性作用;促进人才合理流动,进一步消除人才流动中的各种限制,疏通人才流动渠道。四是以鼓励劳动和创造为根本目的,加大对人才的有效激励和保障。主要是通过完善分配激励机制来实现。五是突出重点,切实加强高层次人才队伍建设。要把高层次人才队伍建设摆在重要位置;加大吸引留学和海外高层次人才工作力度。六是推进人才资源整体开发，实现人才工作协调发展。要坚持人才资源开发与经济社会发展相协调；进一步做好西部和民族地区人才工作；重视非公有制经济组织和社会组织人才工作；加强高技能人才和农村实用人才队伍建设；大力抓好青年人才队伍建设。

（三）区域协调发展战略

统筹区域发展，促进地区协调发展，缩小区域间的发展差距，是我国经济社会发展的一个重要原则。新中国成立以来，我国区域发展战略经历了均衡 非均衡—均衡的演变。改革开放以来，各地区都有很大发展，但地区发展的差距也在不断扩大。进一步统筹区域发展，缩小区域间的发展差距，不仅关系现代化建设的全局，也关系社会稳定和国家的长治久安。因此，十六届五中全会进一步提出了我国区域发展总体战略，“十一五”规划纲要对促进区域协调做出了全面规划，标志着我国促进区域协调发展的总体战略布局全面形成。

1. 我国区域发展战略的历史演进

中国作为拥有 13 亿人口的发展中国家，幅员辽阔、区域间经济社会发展的不平衡性是其基本特征。各个地区由于自然资源、经济发展水平、国家和地方政策的差异等原因导致了发展的不平衡。因地区间差距逐渐扩大而引发的一系列社会问题也引起了人们的普遍关注。当前，这一问题在国际上具有普遍意义，无论是发达国家与发展中国家，还是一个国家内部各个地区都存在有不同程度的发展不平衡性。对于中国来说，在全面构建社会主义和谐社会的今天，怎样实现区域协调发展是我们面临的一个重大的理论与实践问题。

关于区域协调发展的概念长久以来没有形成统一的标准。多数学者认为，区域协调发展是指“相关区域之间在经济、政治、文化、生态发展上相互联系、关联互动、正向促进，区域利益同向增长，区域差异趋于缩小的过程和状态。区域协调发展的核心是实现区域之间经济发展的和谐、经济发展水平和人民生活水平的共同提高、社会的共同进步”。这一表述比较全面而准确地阐述了“协调”的意义，指出了区域间只有通过相互支撑、相互促进才能实现地区的和谐发展，社会的共同繁荣和进步。就中国经济社会来说，区域协调发展的目标就是形成主体功能定位清晰，东中西良性互动，公共服务和人民生活水平差距趋向缩小的区域协调发展格局，同时坚持以经济建设为中心，从经济与人口、资源、环境、社会的相互协调中推动经济建设的可持续发展。新中国成立以来，党中央都非常重视区域经济社会的发展。在不同的历史时期都提出过相应的战略指导思想以促进区域经济的发展。而区域经济发展战略的演变大致分为四个阶段：

第一阶段为1949年至1978年改革开放之前的均衡发展期。从新中国成立到改革开放前的29年里，中国经济的发展因受国际形势变化和国内局势诸多因素的影响有起有伏，区域发展战略也经历了数次变化。但总体来说，在计划经济体制之下中央强调国民经济综合平衡、部门平衡的同时突出了地区经济的平衡发展。由于新中国成立初期，党中央接收了国民党留下来的烂摊子，在百废待兴的局面下，需要进行大规模的恢复和经济建设。在当时东部沿海地区土地面积占全国12%，工业产量却占到全国的75%。而内地尤其是西部地区土地面积虽然很大，但工业产量远不及沿海地区。面对旧中国这样一个区域经济发展极不平衡的状况，国家做出适时调整，将全国分为沿海和内地两大经济地带，沿海侧重于改造老工业基地，而内地则侧重于建设新的工业基地。从总体上来看，是强调生产力的平衡分布，将重心移到了内地的建设上来。当时毛泽东对于发展沿海和内地的辩证关系做了精辟论述并且指出："新的工业大部分应摆在内地，使工业布局逐步平衡，并且利于备战，这是毫无疑义的。"[①] 但在新中国成立后新的历史条件下，毛泽东就更加注重利用和发展沿海已有的工业优势来支持内地工业。进而八大通过的《关于发展国民经济的第二个五年计划（1958—1962）的建议》中指出："在第二个五年计划期间，必须根据资源情况和合理分布生产力的原则，在内地继续建立和积极准备建立新的工业基地，使全国各地经济逐步走向平衡发展。但是在内地大规模工业建设的同时，还必须积极地、充分地利用并且适应地发展各地原有的工业，这不但是为着适应国家和人民日益增长的需要，而且也是为着支援内地的建设。"[②] 按照这些思想的指导，经济出现了明显的增长势头。

然而"大跃进"时期，我国区域经济发展战略出现了暂时的紊乱，需要对原有的政策进行调整。这一时期，由于盲目追求速度提升和产量的提高，全国各地区络绎不绝地办起了小钢铁，建成上百万个小土高炉、小土焦炉，用"土法"炼钢铁，造成了巨大的经济浪费。欲速则不达，在片面追求经济过热增长和布

---

① 《建国以来毛泽东文稿》第 6 册，中央文献出版社 1992 年版，第 85 页。

② 《建国以来重要文献选编》第 9 册，中央文献出版社 1994 年版，第 302 页。

局均衡的情况下，不能因地制宜地发展地区经济必然难以发挥区域协调的作用。虽然这个时期经济有了显著的增长，但潜伏其中的隐患是可以预见的，这必将导致全国经济增长大起大落。

鉴于“大跃进”所造成的困难局面，1964 年 4 月，国家计划委员会按照中央继续调整国民经济的指导方针，拟定了“三五”计划的初步设想，把原来以发展工业为基础调整为大力发展农业、着重解决人民吃穿用为中心的问题。“文化大革命”的十年动乱时期，整体经济建设受到严重干扰，一再强调的均衡发展也受到了很大的影响。自 1968 年以后，东部与中西部地区绝对差距，以及与中部的相对差距开始不断扩大，东部与西部的相对差距则呈现先缩小后扩大的趋势。

第二阶段为改革开放之初到 20 世纪 90 年代初的非均衡区域发展战略。十一届三中全会以后，邓小平从我国社会主义初级阶段地区经济文化发展很不平衡的基本国情出发，立足现实面向未来，高瞻远瞩地提出了现代化建设“三步走”和“两个大局”的战略构想，创立了中国特色社会主义区域发展理论。这一时期区域发展战略的主要内容，是优先发展东部沿海地区，以沿海发展来带动中西部的发展。总体上对我国生产力布局和地区经济发展政策做了较大调整，从过去主要强调均衡、平衡发展，转变为强调有快有慢、注重经济整体发展速度和效益，将发展的重点又放在了沿海地区，加大了沿海地区的投资比重。改革开放初期，凭借沿海地区的地理优势、良好的经济基础和国家政策的大力扶植，沿海地区成为改革开放的领头羊，经济发展突飞猛进。同时也发挥了区域经济的带动作用，中西部经济比改革开放之前有了很大的提高。但是非均衡发展可预见的结果必然是地区经济差距的扩大化，尤其是东部沿海城市与西部欠发达地区的差距有扩大趋势，这必然引起社会问题及更深层次的民族问题。同时，政策倾向东部沿海地区，必然产业结构倾斜和地区经济的倾斜等多种问题。虽然国家重视到这些问题也采取了一些举措，但不能实现全局性的发展。因此区域发展战略思想的改变迫在眉睫。

第三阶段为 20 世纪 90 年代的轴线式区域发展战略。90 年代实施的非均衡区域发展战略使得东西部发展差距逐步增大，地区间利益矛盾日益尖锐而受到多方面的挑战，促使中央不得不重新考虑经济发展中的效率与公平问题。“八五”期间，我国区域政策由单纯注重经济增长转变到注重效率兼顾公平的方向上，国家在继续发挥沿海地区增长优势的同时，加快了对中西部的开发，区域政策的重心由东部沿海地区的带状式发展演变为“以东部带中部及西部”的轴线式发展模式。此后，江泽民于十四届五中全会上提出了“坚持地区协调发展，逐步缩小地区差距”的方针。“九五”计划再次提出要促进区域经济协调发展，并进一步突出了实现区域经济协调发展在我国经济和社会发展中的地位。区域协调发展的思想正在形成。

第四阶段为21世纪初科学发展观指导下的区域协调发展战略。在我国即将实现第二步发展目标进入小康社会之际，江泽民从新世纪中国发展的战略高度出发，继承和发展了邓小平的区域发展理论，于1999年十五届四中全会上正式提出了西部大开发的战略，标志着注重公平的区域协调发展战略的启动。“十五”计划强调了东中西三大地带在发展中各自的地位和作用，明确提出实现区域发展中的优势互补。十六大报告中第一次正式提出振兴东北老工业基地的国策，东北成为内地经济“第四增长极”的构想日渐清晰。2004年，中部地区崛起战略崭新出炉。在改革开放取得重大历史进展的时候，党和国家领导人根据新形势下国内外环境的变化，适时提出了区域协调发展的战略思想。进而“十一五”规划正式把“坚持实施推进西部大开发，振兴东北地区等老工业基地，促进中部地区崛起，鼓励东部地区率先发展”，确定为我国的区域发展总体战略。这一战略思想是对改革开放以来我国非均衡区域经济发展战略的重大调整。它从非均衡的发展思路中跳出来，纵观经济社会发展全局，发挥各地优势和潜力，促进地区间经济的共同发展和繁荣。由于我国地域广阔，资源环境和人力差别等因素，再加上多次的区域战略调整，沿海与内地经济特别是与西部地区经济差距逐步扩大。十七大再次明确指出，“缩小区域发展差距，必须注重实现基本公共服务均等化，引导生产要素跨区域合理流动。要继续实施区域发展总体战略，深入推进西部大开发，全面振兴东北地区等老工业基地，大力促进中部地区崛起，积极支持东部地区率先发展。加强国土规划，按照形成主体功能区的要求，完善区域政策，调整经济布局。”① 这一思想是对我国缩小地区差距战略的重大创新与完善。由此我国的区域协调发展思想不断得到深化和完善，它充分体现了科学发展观和构建社会主义和谐社会的重大战略思想，是新时期指导区域经济发展的重要思想。

2. 区域协调发展战略的确立及其布局

地区发展不平衡是中国的一个基本国情。长期以来，由于条件差异显著，我国经济社会发展极不平衡。改革开放以来，经济高速增长也带来了地区差距拉大。因为我们建设的现代化是整个中国的现代化，我们建设的小康社会是全面小康社会，我们要实现的富裕是全体人民的共同富裕、要实现的发达是整个中

① 胡锦涛：《高举中国特色社会主义伟大旗帜，为夺取全面建设小康社会新胜利而奋斗》，《人民日报》2007 年 10 月 25 日。

国的发达，所以，区域协调发展的极端重要性显而易见。

我国区域经济的协调发展，主要是处理好东部和中西部的关系、沿海和内地的关系。新中国成立以后，以毛泽东为核心的第一代中央领导集体，积极探索适合中国国情的社会主义建设道路，提出了事关社会主义建设大局的十大关系问题，其中就包括了东西部发展的重大问题。十一届三中全会以后，以邓小平为核心的第二代中央领导集体，立足现实，面向未来，为我国制定了“三步走”的发展战略，提出了包括促进东西部地区经济合理布局和协调发展的“两个大局”思想。以江泽民为核心的第三代中央领导集体，按照邓小平的“两个大局”思想，在十五届四中全会上明确提出实施西部大开发战略，这是面向新世纪新形势新任务而做出的重大决策。党中央提出了通过几十年乃至整个世纪的艰苦努力，建设一个经济繁荣、社会进步、生活安定、民族团结、山河秀美的西部地区的战略目标。这对于逐步缩小地区差距，增进民族团结、保持社会稳定和边疆安全，改善生态环境，最终实现共同富裕，具有十分重要的意义。进入新世纪，根据我国当前区域发展的实际情况和全面推进现代化建设的要求，以胡锦涛为主要代表的党中央进一步提出了促进地区协调发展的战略布局：继续推进西部大开发，振兴东北地区等老工业基地，促进中部地区崛起，鼓励东部地区率先发展，形成分工合理、特色明显、优势互补的区域产业结构，推动各地区共同发展。这是从全面建设小康社会和加快现代化全局出发作出的总体战略部署。

3. 区域协调发展战略的目标和实现途径

区域协调发展战略实施以来，四大经济板块各显神通，亮点纷呈：西部在西进劲曲中通过国家支持、自身努力和区域合作，普遍驶入加速增长的快车道；中部六省正在挥别“不东不西”的尴尬，在承东启西中走向崛起；东北三省加快产业结构调整和国企改革，昭示出“老工业巨人”重振雄风之非凡气势；东部气势如虹，正朝着“两个率先”的目标高歌猛进，演绎出凤凰浴火重生的新版传奇。[①] 目前，我国区域发展呈现出新的态势：不同区域各有侧重的发展格局基本形成；经济活动的空间集中度提高，城市群和大都市圈的主导地位凸显；各区域比较优势逐步发挥，区际产业分工明显增强；区域间竞争和合作交互作用，推动了区际互动发展；东西部差距在一定时期内仍将存在。

从总体上说，区域协调发展战略的目标是要形成

① 刘应杰主编：《中国的发展战略和基本国策》，中共中央党校出版社 2008 年版，第 144 页～145 页。

主体功能定位清晰，东中西良性互动，公共服务和人民生活水平差距趋向缩小的区域协调的发展格局。同时坚持以经济建设为中心，从经济与人口、资源、环境、社会的相互协调中推动经济建设的可持续发展。而这些目标的实现具体来说包括以下措施：

一是保持地区间经济的平稳较快增长。一方面要继续鼓励东部沿海地区的自主创新能力，转变经济增长方式，推动产业结构的优化升级。以提升国家经济竞争力，保障全国经济持续快速增长。同时又为西部大开发提供支持；另一方面要继续实现中部崛起的重要举措，深入推进西部大开发。近年来，国家加大对中西部地区基础设施建设的投入以及中央财政转移支付力度。促进了西部地区国土资源的开发，吸纳大量投资，促进了西部地区的发展。通过这些地方，东中西部地区能利用地区优势，优化发展环境，增强自我发展能力，从而促进地区经济的共同发展。

二是按照主体功能定位实施区域发展战略。主体功能区是指根据不同区域的发展潜力和资源环境承载能力，按区域分工和协调发展的原则划定的具有某种主体功能的规划区域。它是贯彻落实科学发展观和区域协调发展战略的重要举措。各个地区都要根据资源环境的承载能力、地区现有发展基础和发展潜力对国土资源进行合理有序的开发。各地区都应明确优化开发、重点开发、限制开发和禁止开发的区域，根据自身条件和其主体功能定位优化生产力空间布局，规范空间开发秩序，逐步形成合理的空间开发结构。促进地区间优势互补，缩小区域差距。

三是加快推进基本公共服务均等化。基本公共服务均等化，是指全体公民享有基本公共服务的机会均等、结果大体相等，同时尊重社会成员的自由选择权。实行基本公共服务均等化体现了以人为本的要求，是构建社会主义和谐社会的重要内容。具体来说就是要解决就业问题，完善社会保障体系。尤其是要加大农村地区义务教育、公共卫生、基本医疗、社会保障等方面的投入。同时在公益基础性服务方面，政府应加大公益基础设施建设和生态环境保护，为全体公民提供良好的环境；在公共安全性服务方面，政府应使每一个公民平等地享有安全的公共产品和公共服务。这样就为形成惠及全民的公共服务体系打下坚实的基础。

四是继续建立健全区域协调互动机制。十六届五中全会的《建议》中首次提出区域协调发展的“四大机制”：市场机制、合作机制、互助机制和扶持机制。这“四大机制”是实现区域协调互动、优势互补、相互促进、共同发展的重要途径。努力健全市场机制就是要打破地区条块分割，实现区域和全国统一的大市场，使生产要素在区域和全国范围内自由流动，实现资源合理有效配置，促进经济高效平稳增长；健全合作机制，充分发挥各区域资源禀赋优势，在政府等中介的推动下加强地区合作，节约成本，实现优势互补；继续推进互助机制和扶持机制，进一步发扬先富帮后富的优良传统，鼓励发达地区采取多种手段帮扶欠发达地区；改善贫困地区的基本生活状态，使各地区人民享有大体相当的公共服务水平，更好地促进社会公平，保障全体人民共享改革发展成果，建设社会主义和谐社会。

五是加大对欠发达地区和困难地区的扶持。中央财政转移支付资金重点用于中西部地区，尽快使中西部地区基础设施和教育、卫生、文化等公共服务设施得到改善，逐步缩小地区间基本公共服务差距。要加大对革命老区、民族地区、边疆地区、贫困地区以及粮食主产区、矿产资源开发地区、生态保护任务较重地区的转移支付，加大对人口较少民族的支持。支持经济发达地区加快产业结构优化升级和产业转移，扶持中西部地区优势产业项目，加快这些地区的资源优势向经济优势转变。鼓励东部地区带动和帮助中西部地区发展，扩大发达地区对欠发达地区和民族地区的对口援助，形成以政府为主导、市场为纽带、企业为主体、项目为载体的互惠互利机制。继续发挥经济特区、上海浦东新区作用，推进天津滨海新区等条件较好地区开发开放。建立健全资源开发有偿使用制度和补偿机制，对资源衰退和枯竭的困难地区经济转型实行扶持措施。

六是继续实施可持续发展战略，实现人与自然和谐发展。经济的发展绝对不能以牺牲环境作为代价。当前在实施区域协调发展战略的同时，绝对不能忽视人与自然的和谐相处。要坚持将生态保护和环境治理放在更加突出的位置，转变发展观念、创新发展理念和模式、提高发展质量，努力形成人口、经济、资源环境相协调的发展模式。

（四）可持续发展战略

1. 全球性可持续发展战略的轨迹

自从 18 世纪工业革命在西方发轫以来，人类便以为自己寻到了自我发展的终极密码，随着滚滚的车轮与隆隆的机器轰鸣，一番无边无际、无限无量的乐观发展前景被反复展示。但这种乐观最终被环境问题击碎，“技术万能论”与“无限发展观”一步步沦陷。作为一个富于潜力的专有名词，“可持续”最早是出现在 19 世纪关于林木的“可持续产量”的研究之中，此后关于渔业的“可持续产量”问题再次被提及。然而最终促发人类大反思的机会，却是一系列充满死亡气息的公害事件。这些动辄令人大面积患病甚至死亡的环境事件，成为“自然界的报复”，冲击着一味掠夺自然进而破坏环境的片面发展模式。1962 年，一本读后令人毛骨悚然的作品登上美国畅销书的排行榜——这本名为《寂静的春天》的大作的问世，给作者带来了一些麻烦，但发展必须顾及环境问题的思维，却从此根深蒂固地走进了全球政治、经济议程的中心；书中提到的“可持续性”一词，逐渐成为流行概念。

一个真理，往往需要被不断地论说，才可能在人类“致命的自负”里挤出引起注意的空间来。整个 20 世纪六七十年代西方一系列要求在工业文明基础上再“启蒙”的热浪“颠覆了世界”，也开始有了以哈耶克为代表的进化论理性主义者的反诘，人类可以主导经济前行与社会进程的认识论基础也发生了动摇。1968 年，来自全球（主要是欧洲）的一百多位学者、名流聚会罗马，讨论当时人类的困境与出路。聚会中，基于共同的担忧，与会者以人口增长、工业发展、粮食生产、资源耗费和环境污染等人类面临的五大严重问题为研究对象，成立了一个名为“罗马俱乐部”的组织。四年后，这个组织发表了震动世界的研究报告《增长的极限》。报告根据数学模型预言：在未来一个世纪中，人口和经济需求的增长，将导致地球资源耗竭、生态破坏和环境污染；除非人类自觉限制人口增长和工业发展，这一悲剧将无法避免。报告也给出了一个激烈的解决方案：零增长。这显然有失偏激而遭诟病，以至反对者以同样的关键词撰书《没有极限的增长》进行反驳。但这样的瑕疵不能淹没《增长的极限》的后劲，在“可持续发展”大行其道之后，这个闪耀着人类自我反省光辉的报告，被奉为了“绿色行动”的“圣经”。1972 年实在是新发展观的一个好年头，除了罗马俱乐部的经典奉献之外，联合国人类环境会议在斯德哥尔摩举行，1973 年 1 月联合国环境署（UNEP）正式成立。在经过了“有机增长”、“全面发展”、“同步发展”、“协调发展”等一系列概念观念的嬗变之后，联合国选择从民间机构手中接过了“可持续发展”的大旗。

1980 年 3 月，联合国大会第一次使用了可持续发展的概念，随后这个概念逐渐被更多的官方文件使用。可持续发展作为完整的理论，包括了以《增长的极限》为代表的观点，包括了《第二个 2000 年》和《没有极限的增长》中的部分观点，还包括了联合国《人类环境宣言》中阐述的有关理论。20 世纪 80 年代初，在美国连续出版《公元 2000 年的地球》与《建设一个可持续发展的社会》两本报告之后，在全世界范围内形成共识的时机已经日益成熟。1983 年 11 月，联合国成立世界环境与发展委员会（WECD）。此概念在 1992 年联合国环境与发展大会上得到全球范围内一致认可。经过 4 年的研究与论证，WECD 于 1987 年提交了成果即《我们共同的未来》的报告，正是在这份报告中，“可持续发展”的模式被正式提出。这一全新的发展模式深刻地检讨了“唯经济发展”理念的弊端，强调需要从当代和后代两个维度谋划发展，并注意生态环境的保护与改善，明确提出要变革人类沿袭已久的生产方式和生活方式，并调整现行的国际经济关系。1987 年在世界环境与发展委员会上，挪威首相布伦特兰夫人对可持续发展概念做出了明确的定义：可持续发展指既满足当代人的需要，又不损害后代人满足其需要的能力的发展。及至 1992 年，联合国环境与发展大会（UNCED）通过《21 世纪议程》，更进一步确认和明晰了“可持续发展观”的理念与内涵。

几十载的理论突破，终于在 20 世纪的最后十年开始有了实践的收获。美、德、英等发达国家与中国、巴西等后发国家，都先后提出了自己的 21 世纪议程或行动纲领，不约而同地强调要在经济、社会与环境等方面协调共进。

2. 我国可持续发展的成就与问题

十一届三中全会以来三十多年的改革开放和现代化建设，13 亿中国人创造了堪称“奇迹”的经济增长。按照世界银行的统计，中国 20 世纪 80 年代的年均增长率是10.1%，仅次于非洲资源型国家博茨瓦纳；90年代的年均增长率则名列榜首，为10.7%。在一个规模如此之大的国家，保持了如此之快和如此之久的经济增长，中国最近25年的经济奇迹在世界经济史上恐怕只有19世纪后半期的美国和“二战”之后的日本可堪媲美。增长给中国人带来的福利是毋庸赘言的，2002年中国农民的年人均纯收入2476元，城镇居民年人均可支配收入7703元，扣除物价因素，分别是1978年的5.3倍和4.7倍。

但是，中国也为增长付出了沉重的代价。从世界银行2000年底公布的数据看，我国自然资产损失(包括能源耗竭损失、二氧化碳污染损失、矿产耗竭损失、森林耗竭损失等）占GDP的比重惊人。根据中国社科院经济所收入分配课题组的最新数据，反映一个国家贫富差距的基尼系数，中国1995年是0.437，2002年是0.454。中国还是世界上教育投资严重不足的国家之一。党中央及国务院于1993年颁布的《中国教育改革和发展纲要》规定，到20世纪末，教育经费的支出要达到GDP的4%。2001年，经过不懈的努力，中国的教育支出达到了GDP的3.19%，但是与5.1%的世界平均水平仍然相差甚远。实践证明，以经济建设为中心不能等同于以经济增长为中心，否则会给经济的健康发展带来损害。

总之，我国可持续发展面临着严峻挑战：人口众多给发展带来了沉重负担；资源短缺和超常规利用对发展产生了很大压力；环境污染直接危及着社会经济的发展；城市化发展带来的一系列问题；区域发展不平衡在加剧；现代化的推进也带来了诸多严重的社会性问题。

3. 我国可持续发展战略的内涵与重点

根据人类社会生产活动地域空间范围的尺度，可以将可持续发展分为全球可持续发展，国家可持续发展和区域可持续发展等级别。我国的可持续发展战略是科学发展观指导下新的发展战略，所表示的是：国家的自然资源、环境与社会以及经济间的相互协调，既能满足当代人的需求，又不损害后代人满足其需求的能力。其基本内涵就是坚持以人为本，协调好人口、资源、环境和经济发展之间的关系，保持和谐、高效、优化、有序、长期的发展。其目标不但要保证经济社会的稳定和持续发展，还要保证人口增长得到有效控制，自然资源得到合理开发利用，生态环境保持良性循环发展。其实质就是要求国家不但要实现经济的可持续增长，同时又能兼顾人口、环境、自然资源等多方面因素，从全局利益和长远利益出发实现可持续发展。实现可持续发展，是改革开放和社会主义现代化建设的战略任务，也是全面建设小康社会、构建社会主义和谐社会的必然要求。如同恩格斯在《自然辩证法》一书中指出：“我们不要过分陶醉于我们人类对自然界的胜利。对于每一次这样的胜利，自然界都对我们进行报复。”① 按照可持续发展的要求，必须做到以下几点：

一要控制人口增长，提高人口质量。我国人口众多，人口基数大，育龄人口和将要进入育龄的人口比重较大，因此我国的人口绝对增长量很大，并且人口地区分布不均匀，东部人口密集，且资源消耗巨大；而西部虽然资源丰富但人口稀疏，东西部差距较大。更为严峻的是我国人口素质较低，高等专门人才所占比重较少。而且在区域间呈现一种发展不平衡的态势。必须做到控制人口增长速度以减少新增人口的资源消耗，尤其是对于自然资源相对缺乏的地区更为重要。东部地区经济发展迅速，但人口增速过快，高级专门人才集中在这一地区使得西部地区缺乏人才和技术流动。人是可持续发展系统中的最积极、最能动因素，适量的、具有一定素质的人口是经济与社会发展的基础。因此国家适时采取西部大开发政策，鼓励人才到西部去。提高西部地区人口素质，促进人才资源的流动是实现人口可持续发展的重要举措。

二要加大环境保护力度，促进资源合理利用。近

---

① 《马克思恩格斯选集》第 4 卷，人民出版社 1995 年版，第 383 页。

年来，国家不断出台相关法规政策加大环境保护的力度。一方面，呼吁人类提倡新式的生态生活方式和生态消费方式减少资源消费，提高环保意识。另一方面，更要求不断研制和普及保护环境的新技术。注重发展科学技术，大量使用先进科技来降低单位生产量的消耗，降低物耗，减少污染，最终实现少投入、多产出的发展模式。通过循环利用、节能技术等措施高效利用资源和生态服务。着重淘汰那些能源消耗高、资源浪费大、污染严重的工艺、装备和产品。充分利用各种自然资源和物质的潜能，综合开发，综合利用，实现环境保护和经济发展。

三要协调经济和环境之间的关系，促进共同发展。可持续发展不单是经济的协同发展，还包括了人与自然之间，经济发展与社会发展之间，经济与环境之间的协调发展。任何一个方面做不好都不能称为协调的发展。可持续发展的主要目标是实现经济、社会与人口的协调发展。自然环境作为人类社会发展的自然物质基础，也为经济发展提供了自然资源。而经济的发展，既一定程度上造成环境的破坏但同时又为环境的改善提供了必要的物质条件。要实现可持续发展就必须兼顾现实利益与长远利益，局部利益与整体利益。因此要充分考虑自然资源的再生能力与替代能力，生命支持系统的循环与净化能力和生物多样性的保护。唯此，才能实现经济与环境的共存共荣。

（五）依法治国基本方略

马克思曾明确指出，“法律是肯定的、明确的、普遍的规范”[①]。法是由国家制定或认可的，这是法区别于其他社会规范的重要特点之一。马克思和恩格斯在历史上第一次科学地揭示了法的本质，认为“法是从人们的物质关系以及人们由此而产生的互相斗争中产生”[②]。

1. 依法治国的科学内涵与历史定位

发展社会主义民主，健全社会主义法制，依法治国，建立社会主义法治国家，是党中央建设中国特色社会主义的重要目标。在制定新中国第一部宪法的过程中，毛泽东曾指出：“一个团体要有一个章程，一个国家也要有一个章程，宪法就是一个总章程，是根本大法。”[③] 党的八大也提出：“由于社会主义革命已

---

① 《马克思恩格斯全集》第 1 卷，人民出版社 1956 年版，第 71 页。

② 《马克思恩格斯全集》第 3 卷，人民出版社 1960 年版，第 363 页。

③ 《毛泽东文集》第 6 卷，人民出版社 1999 年版，第 328 页。

经基本上完成，国家的主要任务已经由解放生产力变为保护和发展生产力，我们必须进一步加强人民民主的法制，巩固社会主义建设的秩序。国家必须根据需要，逐步地系统地制定完备的法律。一切国家机关和国家工作人员必须严格遵守国家的法律，使人民的民主权利充分地受到国家的保护。”① 十一届三中全会以后，邓小平针对“文化大革命”时期我国法制建设遭受严重破坏以及改革开放出现的新情况，十分强调和重视法制建设。他指出：“要继续发展社会主义民主，健全社会主义法制。这是三中全会以来中央坚定不移的基本方针，今后也决不允许有任何动摇。我们的民主制度还有不完善的地方，要制定一系列的法律、法令和条例，使民主制度化、法律化。”② 党的十二届四中全会以后，江泽民进一步继承和发展了邓小平关于加强社会主义法制建设的思想，并于 1996 年 2 月提出了“依法治国”思想。党的十五大报告第一次深刻地阐述了依法治国的含义，把依法治国确定为党领导人民治理国家的基本方略，提出了“依法治国，建设社会主义法治国家”的历史任务。1999 年 3 月，九届全国人大二次会议通过的宪法修正案明确写上“中华人民共和国实行依法治国，建设社会主义法

① 《中华人民共和国法规汇编》(1956 年 7—12 月)，法律出版社 1957 年版，第 14 页。

② 《邓小平文选》第 2 卷，人民出版社 1994 年版，第 359 页。

治国家”，正式把这一治国方略以国家根本大法的形式确定下来。

依法治国，就是广大人民群众在党的领导下，依照宪法和法律规定，通过各种途径和形式管理国家事务，管理经济文化事业，管理社会事务，保证国家各项工作都依法进行，逐步实现社会主义民主的制度化、法律化，使这种制度和法律不因领导人的改变而改变，不因领导人看法和注意力的改变而改变。深刻理解依法治国的科学内涵，应注意把握：依法治国的主体是党领导下的人民群众，也就是党领导人民实行依法治国。依法治国的客体是国家事务、经济文化事业和社会事务。依法治国就是要保证对所有这些事业、事务的管理工作都要依法进行。依法治国所依的法，最重要的是宪法和法律。我国宪法和法律体现了党的主张和人民利益、人民意志的统一。

依法治国是社会文明进步的显著标志，是国家长治久安的重要保障，是建设中国特色社会主义经济、政治、文化，构建和谐社会的必然要求。第一，依法治国是中国共产党执政方式的重大转变，有利于加强和改善党的领导。依法治国同坚持和改善党的领导是完全一致的。江泽民指出：“依法治国，有利于从法律上制度上保证党的基本路线和基本方针的贯彻落实，保证党始终发挥总揽全局、协调各方的核心作用。"[①] 第二，依法治国是发展社会主义民主、实现人民当家作主的根本保证。民主与法治相互依赖，相互促进，密不可分。社会主义民主是社会主义法治的基础，社会主义法治是社会主义民主的保障。只有人民掌握政权，实行社会主义民主，才能把自己的意志上升为国家法律，建立起自己的法律制度。同时，人民的民主权利和公民的基本权利，国家经济、政治、文化和社会生活各个方面的民主制度、民主结构、民主形式和民主程序，都需要有法律加以确认、规范，并通过国家的强制力来保证实施。第三，依法治国是发展社会主义市场经济和扩大对外开放的客观需要。一个比较成熟的市场经济，必然要求并具有比较完备的法制。市场经营活动的运行，市场秩序的维系，国家对经济活动的宏观调控和管理，以及生产、交换、分配、消费等各个环节，都需要法律的引导和规范。在国际经济交往中，也需要按国际惯例和国与国之间约定的规则办事。这些都是市场经济的内在要求。实行依法治国，才能适应发展社会主义市场经济的要求，适应我国加入世贸组织、发展开放型经济的需要。第四，依法治国是国家长治久安的重要保障。社会稳定、安定团结是我们各项事业顺利发展的前提。

① 《江泽民文选》第3卷，人民出版社2006年版，第543页。

稳定压倒一切。要保持社会稳定，就必须依靠法治来协调社会关系，化解社会矛盾。同时，还要依法严厉打击各种犯罪活动，加强社会治安综合治理，创造良好的社会治安环境。

2. 依法治国基本方略的确立

中国共产党执政以后，用什么样的方式治理好国家，如何更好地维护和实现最广大人民的根本利益，始终是党的中央领导集体孜孜以求、不断探索的一个重大的理论问题和实践问题。以毛泽东为核心的党的第一代中央领导集体，领导人民建立起人民民主专政的国家政权，开创了新中国社会主义法制建设的伟大事业。然而，新中国的法制事业也经历了曲折。在“文化大革命”中，国家法制惨遭严重破坏。针对这种现象，以邓小平为核心的党的第二代中央领导集体，在总结过去经验教训的基础上，坚定地提出了“加强社会主义民主，健全社会主义法制”的历史性任务，确定了“有法可依，有法必依，执法必严，违法必究”的社会主义法制建设方针。在 1979 年 3 月党的理论工作务虚会上，邓小平指出：“没有民主就没有社会主义，就没有社会主义的现代化。”[①] 这是在对“文化大革命”教训的深刻总结和高度概括。他

① 《邓小平文选》第 2 卷，人民出版社 1994 年版，第 168 页。

在 1986 年 1 月的中央政治局常委会上明确指出："搞四个现代化一定要有两手，只有一手是不行的。所谓两手，即一手是抓建设，一手抓法制。党有党纪，国有国法。"[①] 1986 年 3 月，邓小平指出："我们现在搞两个文明建设，一是物质文明，一是精神文明。实行开放政策必然会带来一些坏的东西，影响我们的人民……我们用法律和教育这两个手段来解决这个问题。"[②] 1989 年 6 月，他再次重申："要两手抓，一手要抓改革开放，一手要抓严厉打击经济犯罪，包括抓思想政治工作。就是两点论。"[③] 1992 年邓小平在南方谈话中指出："还是要靠法制，搞法制靠得住些。"[④] 十四大以邓小平南方谈话精神为指导，从建立社会主义市场经济的高度，阐述了加强社会主义法制的极端重要性。邓小平这些重要指示的实质，就是坚定不移地走依法治国之路。中国社会主义法制建设的新局面从此打开。

1996 年 2 月 8 日，江泽民在中共中央举办的第三次法制讲座结束时的讲话中，第一次明确提出了"依法治国"思想："加强社会主义法治建设，依法治国，是邓小平建设有中国特色社会主义理论的重要组

① 《邓小平文选》第 3 卷，人民出版社 1993 年版，第 154 页。
② 《邓小平文选》第 3 卷，人民出版社 1993 年版，第 156 页。
③ 《邓小平文选》第 3 卷，人民出版社 1993 年版，第 306 页
④ 《邓小平文选》第 3 卷，人民出版社 1993 年版，第 379 页。

成部分，是我们党和政府管理国家和社会事务的重要方针。实行和坚持依法治国，就是使各项工作逐步走上法制化和规范化，就是广大人民群众在党的领导下，依照宪法和法律的规定，通过各种途径和形式参与管理国家、管理经济文化事业、管理社会事务；就是逐步实现社会主义民主的制度化、法制化。”① 随后召开的八届全国人大四次会议把“依法治国，建设社会主义法制国家”作为一条基本方针和奋斗目标，写入《国民经济和社会发展“九五”计划和 2010 年远景目标纲要》。

1997 年 9 月，江泽民在党的十五大报告中，更加科学、完整、准确地提出了实行依法治国的基本方略和基本目标。他在报告中指出：“依法治国，就是广大人民群众在党的领导下，依照宪法和法律规定，通过各种途径和形式管理国家事务，管理经济文化事业，管理社会事务，保证国家各项工作都依法进行，逐步实现社会主义民主的制度化、法律化，使这种制度和法律不因领导人的改变而改变，不因领导人看法和注意力的改变而改变。依法治国是党领导人民治理国家的基本方略，是发展社会主义市场经济的客观需要，是社会文明进步的重要标志，是国家长治久安的

① 江泽民：《在中共中央法治讲座会上讲话》，《人民日报》1996 年 2 月 8 日。

重要保障。”[①] 标志着我们党对治国方略在认识上的深化和升华，在理论上的深入和完善，在实践上更加注重法律实施和更加注重实效。以党的十五大为起点，经过十六大、十七大，十五年的法治建设成就辉煌，在此基础上，党的十八大更加明确地提出，我们要“全面推进依法治国”。

1999 年 3 月，在九届全国人大二次会议上，“中华人民共和国依法治国，建设社会主义法治国家”这一治国方略，被正式写入宪法修正案。从全党意志转化为全国人民的国家意志，从而确立了国家根本法的法律地位和法治保障，为实施依法治国，建设社会主义法治国家的基本方略奠定坚实的宪法基础，成为我国社会主义法治建设进程中一个新的重要里程碑。[②]

3. 大力加强社会主义法制建设

社会主义法制是人民按照自己的意志，通过国家政权所建立起来的法律制度和执法原则，是人民当家作主和治理国家的基本方法。法制是依法治国的前提和基础。经济的发展，社会的进步，都离不开法制的健全。推进依法治国进程，建设社会主义法治国家，

---

① 《江泽民文选》第 2 卷，人民出版社 2006 年版，第 28 页～29 页。

② 陆德生等：《依法治国方略》，江西人民出版社 2001 年版，第 24 页。

必须大力加强社会主义法制建设。

加强社会主义法制建设的基本要求，可以用 16 个字来概括，即“有法可依、有法必依、执法必严、违法必究”。“有法可依”就是要建立统一、完备、科学的法律体系和制度，即立法能够适应不断发展的经济、政治、文化和社会生活的需要，及时对各种社会关系进行规范。法律体系应当力求完整、科学、严谨、系统；各部门法应当合理划分，彼此协调，共同发挥作用；法律规范应当明确、肯定、具体，具有可操作性。法律的内容应当体现最广大人民的利益，不能把部门利益法律化。应当避免和消除各国家机关，不同时期的法律、法规之间的矛盾以及法律、法规与法律解释之间的矛盾。“有法必依”就是要保证法律效力的普遍性和有效性，即尽量排除和杜绝立法、执法、司法、守法和法律监督中的随意性、偶然性和腐败现象；坚持法律面前人人平等，任何组织和个人都不能有超越宪法和法律的特权。公民不分民族、种族、性别、职业、家庭出身、宗教信仰、教育程度、财产状况、居住期限，都必须平等地遵守宪法、法律和其他法规，依法平等地享有法定的权利和承担法定的义务；任何公民的合法权益必须毫无例外地受到法律的平等保护。要建立和健全法律服务机构，保证法律正确实施。“执法必严”就是要确保严格公正的执法和司法。司法机关应当独立公正地行使司法权，不受其他机关、社会团体和个人的非法干预。要按照公正司法、文明执法的要求，完善司法机关的机构设置、职能划分和管理制度，形成权责明确、相互配合、相互制约、高效运行的司法体制和工作机制，维护司法权威，维护公民、法人和其他组织的合法权益，维护社会公平和正义。要加强执法、司法队伍的建设和对他们工作的监督，防止他们滥用权力。"违法必究"就是对一切违法犯罪行为都要按照"以事实为依据，以法律为准绳"的原则，给予惩处。在法律面前人人平等，不容许任何组织和个人有超越宪法和法律的特权。[①] 这四个方面相互联系、相互制约。有法可依是前提，有法必依是核心，执法必严是关键，违法必究是保障。

世界上任何一个国家的民主和法制都是逐步建立、发展和完善的。社会主义民主和社会主义法制建设，也需要一个逐步发展和完善的历史过程，不可能一蹴而就。它需要经济、政治、文化、社会等客观条件的发展，也需要人的思想认识等主观条件的发展。因为我国有几千年封建社会的历史，缺乏民主和法制的传统，建设社会主义民主政治和加强社会主义法制具有特殊的迫切性；又因为我国生产力水平和人民群

① 本书编写组：《毛泽东思想和中国特色社会主义理论体系概论》，高等教育出版社 2008 年版，第 207 页～208 页。

众政治文化素质水平还比较低，建设社会主义民主政治和加强社会主义法制又具有特殊的艰巨性。改革开放以来，我国社会主义法制建设取得了显著成绩，但我们必须清醒地看到，我国的法律体系仍有待于健全和完善，有法不依、执法不严、违法不究的现象还在一定范围内存在，包括干部队伍在内的全民的法律素质还有待进一步提高。这就需要我们从我国的国情出发，在实践中积极探索，逐步健全社会主义法制，不断推进我国依法治国的进程。

三、贯彻落实中国特色社会主义发展战略的实践道路

党的十七大报告在对中国特色社会主义道路进行系统阐述的同时，还在中国特色社会主义事业总体布局的各项任务中，分别提出了中国特色自主创新道路、中国特色新型工业化道路、中国特色农业现代化道路、中国特色城镇化道路、中国特色社会主义政治发展道路等五条具体道路。这五条具体道路是贯彻落实中国特色社会主义发展战略的实践道路。这些具体道路的提出，说明我们党对中国特色社会主义道路和中国特色社会主义发展战略的实践规律的认识越来越清晰，具体路径越来越明确。

（一）中国特色自主创新道路

中国特色自主创新道路是我国社会主义现代化的重要战略，是走中国特色新兴工业化道路、中国特色农业现代化道路和中国特色城镇化道路的基础和动力。中国特色自主创新道路，是指将科技创新作为国家基本战略，以获得自主知识产权、掌握核心技术为宗旨，以我为主发展与整合创新资源，进行创新活动，大幅度提高科技创新能力，并贯彻到现代化建设的各个方面，从而形成强大的国家竞争优势的发展道路。

走中国特色自主创新道路的必然性和依据。走中国特色自主创新道路，是顺应当今时代特征和着眼于我国经济社会发展全局做出的战略选择。第一，是应对世界科技革命和提高我国竞争力的需要。发轫于20世纪中叶的新科技革命引发了世界范围内生产力、生产方式、生活方式和经济社会发展观等前所未有的深刻变革。特别是进入21世纪，世界新科技革命的发展势头更加迅猛，正孕育着新的重大突破。信息科技、生物技术以及纳米科技等在推动经济增长、改善和提高人类生活质量、化解世界性能源危机等方面发挥着关键性作用，促使各国在经济实力、科技实力、国防实力和民族凝聚力等方面，展开了前所未有的激烈竞争。当今国际竞争，从根本上说是科技的竞争，特别是自主创新能力的竞争，谁在知识和科技创新方面占据优势，谁就能够在发展上掌握主动。日趋激烈的国际竞争所带来的机遇和挑战，要求我们必须坚持走中国特色自主创新道路，把提高自主创新能力作为建设创新型国家和发展中国特色社会主义的重大战略任务。第二，是针对我国发展的阶段性特征，解决当前发展面临的突出矛盾和问题的迫切要求。改革开放以来，我国经济社会发生历史性的巨变，取得举世瞩目的发展成就。但是必须看到，我国仍然处于并将长期处于社会主义初级阶段，人口多，底子薄，发展不平衡，生产力水平低的状况并没有根本性改变。我国经济总量虽然居世界第 2 位，但人均仍处在世界 100 位之后。在农业、工业、流通等经济社会生活的诸多方面，劳动生产率还较低。我们的发展还是低水平的、粗放的和不均衡的，是以巨大的资源消耗和生态环境损害为代价的。目前，我们正处于全面建设小康社会、加快推进社会主义现代化的新阶段。现代化建设的主要方向是推动工业化、信息化、城镇化、市场化、国际化。这对发挥科技的支撑和引领作用提出了新的要求。但是我国科技发展现状还难以完全适应小康社会的新要求。我国在科技研究、科技创新能力、科技人力资源、科技基础条件、科技投入水平等方面与科技领先国家相比，仍存在较大差距。我国虽已成为经济大国和贸易大国，但一些产业的核心技术仍然受制于人，对外技术依存度高达50%以上；具有战略意义的高技术含量产品，80%以上依赖进口。发达国家知识和技术创新对经济增长的贡献率达70%至80%，而我国仅20%至30%。这是制约我国经济进一步发展的“瓶颈”环节。因此，转变发展方式，在优化结构，提高效益，降低消耗，保护环境的基础上，实现人均国内生产总值到2020年比2000年翻两番的目标，就一定要紧紧依靠科技进步和自主创新的有力支撑，一定要改变我国人均劳动生产率低、附加值低，单位国内生产总值耗能高，生态环境代价高的现状，走中国特色自主创新道路。

走中国特色自主创新道路的战略措施。提高我国自主创新能力，建设创新型国家，既要顺应世界科技发展潮流，遵循科技发展规律，又要紧密结合我国国情和国家战略需求，选择顺应时代要求、符合我国实际的技术创新模式。第一，把握战略重点，统筹安排全局，坚持把提高自主创新能力摆在突出位置。自主创新能力是国家竞争力的核心，是我国应对未来挑战的重大选择，是统领我国未来科技发展的战略主线，是实现建设创新型国家目标的根本途径。因此，必须按照“自主创新、重点跨越、支撑发展、引领未来”

的指导方针，根据全面建设小康社会的紧迫需求、世界科技发展趋势和我国国力，对我国科技发展做出总体部署，统筹当前和长远，全面加强原始创新、集成创新和引进消化吸收再创新，坚持有所为有所不为，选择具有一定基础和优势、关系国计民生和国家安全的关键领域，集中力量、重点突破，从而实现跨越式发展。第二，深化科技管理体制改革，加快国家创新体系建设。一是继续推进科技体制改革，充分发挥政府的主导作用，充分发挥市场在科技资源配置中的基础性作用，充分发挥企业在技术创新中的主体作用，充分发挥国家科研机构的骨干和引领作用，充分发挥大学的基础和生力军作用，进一步形成科技创新的整体合力，为建设创新型国家提供良好的制度保障。二是进一步完善适应社会主义市场经济发展要求的政府管理科技事业的体制机制，建立健全有关法律法规，完善科技开发计划，促进科技创新要素和其他社会生产要素有机结合，形成科技不断促进经济社会发展、社会不断增加科技投入的良好机制。第三，创造良好环境，培养造就富有创新精神的人才队伍。科技创新，关键在人才。杰出科学家和科学技术人才群体，是国家科技事业发展的决定性因素。培养大批具有创新精神的优秀人才，造就有利于人才辈出的良好环境，充分发挥科技人才的积极性、主动性、创造性，是建设创新型国家的战略举措。坚持贯彻尊重劳动、尊重知识、尊重人才、尊重创造的方针，全面实施人才强国战略，牢固树立人才资源是第一资源的观念，完善适合我国科技发展需要的人才结构，不断发展壮大我国科技人才队伍。坚持在创新实践中发现人才、在创新活动中培育人才、在创新事业中凝聚人才。第四，发展创新文化，努力培育全社会的创新精神。大力发扬中华文化的优良传统，大力增强全民族的自强自尊精神，大力增强全社会的创造活力。在全社会培育创新意识，倡导创新精神，完善创新机制，大力提倡敢为人先、敢冒风险的精神，大力倡导敢于创新、勇于竞争和宽容失败的精神，在全社会形成鼓励尊重创新创业的社会环境与氛围，努力营造鼓励科技人员创新、支持科技人员实现创新的有利条件。

（二）中国特色新兴工业化道路

新兴工业化道路是中国特色社会主义道路战略布局中的非常重要的领域，关系到国民经济的全局。新兴工业化道路就是坚持以信息化带动工业化，以工业化促进信息化，走出一条科技含量高、经济效益好、资源消耗低、环境污染少、人力资源优势得到充分发挥的新型工业化路子。科技含量高，就是要充分发挥科技作为第一生产力的作用，把经济发展建立在科技进步的基础上，提高科学技术在经济增长中的贡献率，促进科技成果更好地转化为现实生产力，提高产品的质量和竞争力；经济效益好，就是要实现经济增长方式从粗放型向集约型转变，提高资金投入产出率，优化资源配置，降低生产成本，提高劳动生产率；资源消耗低，就是要大力提高能源、原材料利用效率，减少资源占用与消耗，积极推进资源利用方式从粗放向集约的转变，转变生产方式和消费方式；环境污染少，就是要高度重视生态环境问题，广泛推行清洁生产、文明生产方式，发展绿色产业、环保产业，加强环境和生态保护，使经济建设与生态环境建设相协调；人力资源优势得到充分发挥，就是要提高劳动者素质，同时又充分利用我国劳动力丰富、价格低廉的优势，并妥善处理好工业化过程中提高生产率与扩大就业的关系，不断增加就业。

中国特色新型工业化道路的特点。中国特色新兴工业化道路不同于发达国家历史上走过的工业化道路。第一，中国特色工业化道路是以信息化带动的工业化。发达国家都是在工业化之后推行信息化的，走的是一条循序渐进的道路，中国是一个后发展的国家，亦步亦趋，那样我们就永远也摆脱不了落后的帽子。鉴于近些年来，信息化发展迅猛，我们完全可以在工业化的过程中推进信息化，以信息化带动工业化，以工业化促进信息化，从而发挥后发优势，实现生产力的跨越式发展。第二，中国特色工业化道路是以科技进步为动力、以提高经济效益和竞争力为中心的工业化。工业革命以来，工业化之所以成为世界各国发展的大趋势，就是因为工业化可以大大提高劳动生产率，促进社会生产力加快发展。20 世纪 90 年代以来，世界科技革命，迅猛发展，高新技术特别是信息技术的广泛应用，推动着人类经济形态由工业经济向知识经济转变；经济全球化潮流势不可当，国际竞争日趋激烈，这是发达国家在实现传统工业化过程中未曾遇到过的。因此，我国要在新的历史条件下，在激烈的国际竞争中，实现我们的工业化，就必须充分发挥科学技术这第一生产力的作用，着重依靠科技进步和提高劳动者素质，不断提高经济效益和竞争力。第三，中国特色工业化道路是同实施可持续发展战略相结合的工业化。发达国家实现工业化大多数走的是一条以消耗能源、牺牲环境为代价、“先污染，后治理”的道路，代价是巨大的，我国改革以来在工业化过程中也曾有过惨痛的教训。新兴工业化道路就是在吸取发达国家和我国工业化的教训，在实现工业化的进程中，特别强调生态建设和环境保护，强调处理好经济发展与人口、资源、环境之间的关系。第四，是充分发挥我国人力资源优势的工业化。发达国家实现工业化的过程中注重机械化和自动化，以严重失业为代价推进工业化进程的。尽管从理论上讲工业化与扩大就业存在一定的客观矛盾，发达国家这一选择有一定的合理性，但这样的道路我们也不能走。首先我们是社会主义国家，就业是民生之本，扩大就业，促进充分就业是社会主义共同富裕原则的重要体现。我们必须从我国人口多，劳动力成本比较低的国情出发，扬长避短，在生产要素可以替代的范围，既注重技术对劳动的替代，提高生产的科技含量，又注重劳动对技术的替代，从而使我国的人力资源优势得到充分发挥，而以提高科技含量为最终发展趋势。

中国特色新兴工业化道路也有别于我国传统工业化道路。第一，二者的所有制结构和经济运行方式不同。过去的工业化主要是在计划经济体制下推进的，国有企业是工业化的主体，资源由国家计划配置，客观上限制了人们在整个社会范围内统一支配生产力的能力。新兴工业化道路是社会主义市场经济体制下的工业化，能够调动国内外各方面的积极因素，使各种经济成分的优势和作用充分发挥出来。第二，二者的发展方式不同。传统工业化片面强调优先发展重工业，甚至以牺牲农业和消费品工业的发展为代价来推动工业化。新型工业化追求国民经济的全面协调发展，在遵循市场经济规律的前提下，逐步做到工业反哺农业，使基础产业适应国民经济发展的要求，消费品工业能够不断满足人民群众日益增长的物质文化生活需要。第三，二者的经济增长内涵不同。传统工业化过分强调经济增长的高速度，导致经济增长大起大落。新型工业化不仅仅强调经济发展速度，更注重经济发展质量，在遵循客观经济规律的基础上，实现国民经济的又好又快发展。

走中国特色新兴工业化道路的战略措施。中国特色新型工业化道路是不同于传统工业化道路的全新道路，没有现成的经验可供借鉴，因此“如何走”就成为目前必须解决的紧迫问题。因此，必须立足中国基本国情，以科学发展观为指导，进行科学合理的战略选择。一是加快产业结构调整，转变经济发展方式。转变经济发展方式就是促进经济增长由主要依靠投资、出口拉动向依靠消费、投资、出口协调拉动转变，由主要依靠第二产业带动向依靠第一、第二、第三产业协同带动转变，由主要依靠增加物质资源消耗向主要依靠科技进步、劳动者素质提高、管理创新转变。这是加快产业结构调整和升级，实现我国工业经济又好又快发展，尤其是解决我国资源环境问题的根本要求和根本途径。二是建立资源节约型、环境友好型的工业发展模式。我国新型工业化要吸取传统工业化过程中教训，绝不走对自然资源进行破坏性开采，对环境实行“先污染、后治理”的老路，而要在经济发展中合理地开发资源，高效地利用资源，保护和治理环境，以造福子孙，以实现生产发展、生活富裕、生态良好的可持续发展目标，走一条资源消耗低、环境污染少的可持续发展的新路子。三是加快发展高新技术产业，大力振兴装备制造业。围绕高新技术、重大装备、环境资源等重点领域，组织实施重大产业技术开发专项，突破技术瓶颈制约，开发并掌握一批关键、共性技术。今后工业发展的重中之重是提高装备制造业的创新能力和竞争能力，这也是解决我国整体制造业和国民经济竞争能力的关键环节。四是找准切入点，推进工业化和信息化融合。信息化具有覆盖面广、渗透性强、带动效应明显的优势，要大力推进信息化与工业化融合。当前要从实际出发，找准切入点，加快研发设计、生产流程、经营管理、市场流通等领域的信息化建设，推进工业从生产型制造向服务型制造转变。五是加快信息服务业发展。深化电信体制改革，推动“三网融合”，加快电信业务向信息服务业的全面转型。

（三）中国特色农业现代化道路

农业在我国国民经济中处于基础地位，农业现代化关系到全面建设小康社会和现代化目标的实现。走中国特色农业现代化道路，就是遵循世界现代农业发展的一般规律，并从中国的具体国情出发，确定中国发展现代农业的主要目标、战略路径和具体措施。具体说，就是从工业化城市化快速发展、农户经营规模狭小、要素基础薄弱、区域与产业差异显著、大国效应突出的特殊背景出发，以保障农产品供给、增加农民收入、促进可持续发展为目标，以提高劳动生产率、资源产出率和产品商品率为途径，以现代科技和装备为支撑，在家庭承包经营的基础上，发挥市场机制和政府调控的作用，建成农工贸紧密衔接、产供销融为一体、多元化的产业形态和多功能的产业体系，推进我国农业又好又快发展，进入世界农业发展的先进行列。

走中国特色农业现代化道路的必然性和依据。走中国特色农业现代化道路是顺应世界农业发展普遍规律、立足我国国情的必然选择，是统筹城乡发展、协调推进工业化和城镇化的必然要求，是建设社会主义新农村、促进农业可持续发展的必由之路。第一，目前我国农业生产力水平不高，与发达国家相比还有很大差距。新中国成立以来特别是改革开放以来，我国农业有了较大发展，农业科技创新取得了很多成就，在某些方面走在世界前列，但是我国农业生产力水平总体较低，农业基础设施薄弱，物质装备落后，科技贡献率不高，经营方式比较粗放，农村现有劳动力受教育水平很低，因此，实现农业现代化必须提高农业科技水平，通过增加资本投入、应用现代科技和装备、适度集中土地和强化组织管理等来提高农业效益。第二，我国农业产业化经营规模小，市场化程度低，而且结构、行为相似，农产品商品率和农业资源配置的市场化程度较低，这种状况将在相当长的时期内存在。因此，推进农业现代化必须健全农村市场和农业服务体系，不断提高农业组织化程度和集约化水平，建成农工贸紧密衔接、产加销融为一体、多元化的产业形态和多功能的产业体系。第三，我国城乡分割的格局尚未打破，制约农业农村发展的体制性障碍尚未消除。我国农业和农村发展长期滞后，根本原因在于由城乡二元经济结构所派生的经济社会管理体制尚未打破，以及由此所导致的农村生产要素持续流失、对农业的资金技术支持明显不足的局面尚未改变，破解城乡二元经济结构任务艰巨。第四，我国是世界上人口最多的发展中国家，粮食安全关系重大，解决好吃饭问题是头等大事。否则，工业化、城镇化乃至整个经济社会发展都将难以持续进行。多年来，我国农业在有限的条件下，解决了世界上约占22%人口的吃饭问题。但是粮食继续增长的困难进一步增大，对粮食的需求却日益增加，确保国家粮食安全将面临更大的压力。目前，许多发达国家的食品消费数量需求已经进入增长非常缓慢乃至停滞和下降的阶段。发达国家可以不强调增加农产品的数量，而我国却一定要高度重视农产品的有效供给，满足需求的不断增长。因此，必须把保障农产品供给、增加农民收入、促进可持续发展作为推进农业现代化的首要目标。第五，我国农产品市场与国际融合日益加深，国内与国际市场的相互作用关系更复杂。随着经济全球化进程加快，我国农业与世界农业的联系日益密切，国际市场的变化通过多种方式影响国内市场，农业发展面临的内外环境日趋复杂。就进口方面而言，我国难以过度依赖国际市场。一方面，许多重要农产品的世界出口总量有限，与我国的需求相比只占一个很小的比例；而另一方面，我国的进口产品对世界市场价格影响巨大，凡是我国增加进口的产品，世界市场价格通常会发生大幅度上涨。就出口方面而言，我国难以通过大幅度增加出口来提高农民收入，除了少数沿海地区之外，绝大部分地区要依赖国内市场销售产品。由于以上几方面国情的特殊性，在发展现代农业的过程中，我国必然要走一条中国特色的农业现代化道路。

走中国特色农业现代化道路的战略措施。总的说来，是按照城乡经济社会发展一体化新格局发展要求，坚持工业反哺农业、城市支持农村和多予少取放活方针，创新体制机制，加强农业基础，增加农民收入，保障农民权益，促进农村和谐，充分调动广大农民的积极性、主动性、创造性，推动农村经济社会又好又快发展。第一，坚持统筹城乡经济社会发展的基本方略，切实加强农业基础建设。抓住国家实施积极财政政策的时机，大幅度增加对农村基础设施建设和社会事业发展的投入，大力推进农村文化惠民工程，巩固农村义务教育普及成果，巩固和发展新型农村合作医疗，加强县乡村医疗卫生公共服务体系建设。农村最低生活保障要做到应保尽保，并逐步提高低保标准和补助水平。对农村尚未解决温饱的贫困人口、低收入人口全面实施扶贫政策，帮助他们尽快稳定解决温饱并实现脱贫致富。第二，大力推进改革创新，加强农村制度建设。以家庭承包经营为基础、统分结合的双层经营体制，是适应社会主义市场经济体制、符合农业生产特点的农村基本经营制度，是党的农村政策的基石，必须毫不动摇地坚持。在此基础上着力推进农业经营形式创新，支持农民发展各类专业合作组织，强化社会化服务，促进农业产业化经营，不断提高农业组织化程度。创新农村金融体制，放宽农村金融准入政策，加快建立商业性金融、合作性金融、政策性金融相结合，资本充足、功能健全、服务完善、运行安全的农村金融体系。加大对农村金融政策支持力度，拓宽融资渠道，综合运用财税杠杆和货币政策工具，定向实行税收减免和费用补贴，引导更多信贷资金和社会资金投向农村。第三，大力保障国家粮食安全和主要农产品供给。加快构建供给稳定、储备充足、调控有力、运转高效的粮食安全保障体系。把发展粮食生产放在现代农业建设的首位，稳定播种面积，优化品种结构，提高单产水平，不断增强综合生产能力。第四，转变农业农村经济发展方式，加快农业科技进步和创新，突破资源约束的“瓶颈”。把加快科技进步放到更为突出的位置，加强农业科技自主创新，促进农业科技成果转化和推广应用，大力提高农民吸纳和应用科技的能力，大力发展资源节约型、环境友好型的循环农业，不断提高农业的效益和竞争力。

（四）中国特色城镇化道路

城镇化是一个国家现代化水平的重要标志，是实现现代化的战略切入点。走中国特色城镇化道路，就是按照统筹城乡、布局合理、节约土地、功能完善、以大带小的原则，促进大中小城市和小城镇协调发展，形成资源节约、环境友好、经济高效、社会和谐的城镇发展新格局。

走中国特色城镇化道路的必然性和依据。我国正处在城镇化发展的关键时期。实施城镇化战略，加快城镇化进程，不仅是我国实现工业化和现代化必须跨越的历史阶段，也是解决目前以及今后经济社会发展诸多难题的关键。第一，实施城镇化战略，是解决“三农”问题的重要举措。当前，在实现全面建设小康社会目标的进程中，农村面临的任务比城市要艰巨得多，我国的农业劳动生产率还比较低，农村生产力还很落后。人口绝大部分居住在农村，农民的生活水平明显低于城镇居民，而且随着加入WTO以后，农村产业结构要加快调整，要提高农业竞争力，提升农业产业化现代化水平，未来几十年将会有大量的农村富余劳动力需要向非农产业转移。实施城镇化战略，大力推进城镇化进程，将一部分农村人口转移到城市，有利于促进农业的规模化和集约化经营，提高农业劳动生产率，加快实现农业现代化。第二，实施城镇化战略，是解决内需不足，促进国民经济快速增长的持久动力。内需不足已经成为制约目前，乃至今后若干年我国经济持续快速健康增长的首要因素。城乡二元结构的严重失衡和城镇化滞后，是导致内需不足的根本性原因。实施城镇化战略，将农村人口转为市民，就能扩大消费需求。同时，推进城镇化发展进程，提高城镇化水平，就会拉动城市基础设施和住宅建设的投资需求的增长，从战略上为国民经济的持续快速增长，提供持久和强大的动力源泉。第三，实施城镇化战略，是实现可持续发展，提高全民素质的重要保证。推进城镇化，使农民变市民，有利于农村节约土地资源，提高耕地的利用效率。更为重要的是有利于其后代接受更好的教育，融入现代文明，从根本上改变其原有落后的人口意识和文化观念，有效地控制人口增长，提高生活水平和质量，并最终提高全民族的整体素质，实现人的全面自由的发展。

走中国特色城镇化道路的战略措施。走中国特色的城镇化道路，是 21 世纪初期我国经济社会发展的重大课题，是全面建设小康社会的必需，也是我国 21 世纪中叶基本实现现代化必须完成的历史任务。推进城镇化是一项系统工程，牵涉改革、发展和稳定的方方面面。因此，我们必须立足于我国现阶段的基本国情，而不能照搬别国的城镇化发展模式。第一，坚持保护环境和保护资源的基本国策，坚持城镇化发展与人口、资源、环境相协调，合理、集约利用土地、水等资源，切实保护好生态环境和历史文化环境，走可持续发展、集约式的城镇化道路。第二，全面考虑经济社会发展水平、市场条件和社会的可承受程度，发挥市场对推进城镇化的重要作用，通过市场实现城镇化过程中各种资源的有效配置，吸引各类必需的生产要素向城镇集聚，同时发挥政府的宏观调控作用，加强和改善政府对城镇化的管理、引导、规范。第三，坚持以工业化带动城镇化。城镇化与工业化密切相联。可以说，离开了城镇化，二、三产业就失去了发展空间和载体；离开了工业化，城镇化就会无的放矢，就会失去发展的动力。以工业化带动城镇化，在关注城镇化速度的同时，不能忽视城镇化的内在质量。第四，坚持走多样化的城镇化道路，推进各级各类城镇协调发展，形成合理的城镇体系，提高城镇综合承载能力，发挥各级各类城市和小城镇在一定区域范围内的职能作用。第五，要根据各地经济社会发展水平、区位特点、资源禀赋和环境基础，合理确定各地城镇化发展的目标，因地制宜地制定城镇化战略及相关政策措施，加强城市之间的经济联系和分工协作，实现城市以及地区优势互补和共同发展。第六，要通过深化改革，研究制定适合我国国情、符合社会主义市场经济规律的政策措施和体制机制，营造城镇化发展的良好环境。

（五）中国特色社会主义政治发展道路

一个国家选择什么样的政治发展道路，不仅关系其民主政治建设的走向，而且关系其经济社会的发展和国家政权的稳固。在长期的革命、建设和改革开放事业中，中国共产党领导全国各族人民，坚持把马克思主义基本原理同中国具体实际和时代特征相结合，在发展中国社会主义民主政治、建设社会主义政治文明的实践中，走出了一条符合国情的中国特色社会主义政治发展道路。这就是以马克思列宁主义、毛泽东思想、邓小平理论、“三个代表”重要思想和科学发展观为指导，坚持中国共产党的领导，坚持社会主义制度，坚持人民民主专政，实行人民代表大会制度的根本政治制度，中国共产党领导的多党合作和政治协商制度、民族区域自治制度以及基层群众自治制度等基本政治制度。核心是坚持党的领导，人民当家作主和依法治国的有机统一。

走中国特色社会主义政治发展道路的必然性和依据。第一，走中国特色社会主义政治发展道路，是我国近现代历史发展的必然，是中国人民的郑重选择。在一百多年的近代历史中，各个阶级、阶层和社会势力，围绕中国由谁领导，走什么道路，在中国建立什么样的政治制度和政权组织形式，提出了种种主张，几乎对世界上出现过的各种主要政治发展模式都进行了尝试和选择。孙中山曾尝试照搬西方资本主义政治制度，袁世凯企图复辟封建王朝政治模式，蒋介石试图推行官僚资本主义政治体制，但都没能得到大多数中国人的拥护，都以失败告终。中国共产党成立后，在深刻总结历史经验和教训的基础上，把马克思主义与中国革命具体实践相结合，带领中国人民取得了民主革命的胜利，建立了新中国，确立了一条全新的中国特色政治发展道路。这些政治制度既适应于我国的基本国情，又同中华民族的历史、民族特点和文化传统相承接，充分体现全国各族人民根本意愿和根本利益，走中国特色社会主义政治发展道路是历史的选择，人民的选择。第二，中国特色社会主义政治发展道路符合我国现实国情，是把我国建设成为富强、民主、文明、和谐的社会主义现代化国家的根本保证。人口多，底子薄，生产力落后，自然资源匮乏且分布不均，是我国现实的基本国情。我国社会主义初级阶段始终面临着人民日益增长的物质文化需要同落后的社会生产之间的矛盾。这就要求中国必须有能力在全国范围内强有力地调配资源，进行最为广泛的社会动员，集中力量办大事。特别是目前，我国正处于社会主义现代化建设和各项事业繁荣复兴的关键阶段，也处于发展的战略机遇期和社会矛盾的凸显期。经济、政治、文化和社会发展面临复杂的任务和环境，呈现出新的特点，在一个有 13 亿人口的多民族发展中大国，人民利益的广泛性和实现人民利益的艰巨性和长期性，也要求有一个代表最广大人民根本利益的政治核心，来领导人民掌握和使用好国家权力，正确处理各种社会矛盾。中国特色社会主义政治发展道路能够正确把握中国社会发展的客观条件和要求，正确把握中国人民的根本利益，发挥强有力的领导能力和组织能力，能够凝聚全国各族人民意志和共同的理想追求，形成共同团结奋斗的坚实思想基础；能够有力地保障人民当家作主的政治地位，保证人民依法享有广泛的权利和自由；能够最大限度地发挥全国各族人民的积极性、主动性和创造性，集中力量办大事；能够引导社会成员合法、理性地表达诉求，释缓社会矛盾，化解消极因素和不稳定因素；切实维护国家统一、民族团结和社会和谐，巩固和发展民主团结、生动活泼、安定和谐的政治局面。新中国成立后，我国在一穷二白的基础上建立了独立的和比较完整的国民经济体系，经济实力和综合国力显著增强。仅仅用了20多年的时间，不仅改变了旧中国的落后面貌，基本上建立起门类齐全的现代工业体系，而且在工业、农业、国防和科学技术领域的一些方面进入了世界先进行列。尤其是改革开放以来，在中国共产党的社会主义初级阶段基本路线、基本纲领指引下，国民生产总值连续30多年保持了9%左右的增长速度，人民生活水平得到很大改善。实践证明，中国特色社会主义政治发展道路是一条充满活力的政治发展道路，是保证我国走向富强、民主、文明、和谐的唯一正确的政治选择。

建设社会主义政治文明必须从我国国情出发，坚持走自己的路，绝不能照搬西方政治制度的模式。一个国家的政治发展道路总是同一定的经济基础、阶级利益和社会历史条件相关联的。由于历史文化传统和国情不同，我们实行的是社会主义制度，国体和政体与资本主义国家有本质的不同。无论在任何时间、任何条件下，我们都要坚持从我国国情出发，坚持走中国特色的社会主义政治发展道路，不能搞西方的“三权分立”和多党制。

三权分立，是西方资本主义国家的基本政治制度，主要内容是立法权、行政权和司法权相互独立、互相制衡。三权分立是同资本主义经济和政治特征相适应的基本政治制度，是资产阶级内部不同利益集团的利益关系斗争的产物。它并不是像西方政治家和思想家所宣传的那样是一种抽象的、超越社会制度的甚至是唯一的民主模式。作为一种政治制度，三权分立的严重弊病在于，它使相当一部分权力在相互牵制中抵消，常常是议而不决、决而不行，以致造成大量的人力、物力、财力和时间的浪费。西方三权分立制度不适合我国国情。第一，我国不存在三权分立制的经济基础。我国以公有制为主体的所有制关系决定了劳动者之间的根本利益是一致的，他们之间不存在资本主义社会私有者之间那种深刻的利益对抗关系。第二，我国不存在实行三权分立的历史前提。我国近代历史上曾有过实行议会制的尝试，但由于缺乏实行议会制的社会基础，最终以破产而告终。我国的人民代表大会制度、共产党领导的多党合作和政治协商制度等具有中国特色社会主义民主政治制度，是我们党领导人民进行长期革命斗争的产物，是人民群众的历史选择。如果放弃了这些行之有效的政治制度，实行三权分立和多党制，必然动摇我国社会主义民主政治制度的根基，动摇人民当家作主的政治地位。第三，我国人民代表大会制度实行的是民主集中原则。它既能充分体现广泛的人民民主又能保证人民意志和国家权力的统一，保证了决策的效率。历史和现实都表明，人民代表大会制度，是符合中国国情具有中国特色的能够保证人民群众当家作主，有效管理国家和社会的根本政治制度，能够避免“三权分立”制度议行脱节、分而不立、互相掣肘的种种弊端。

多党制是西方资本主义政治制度的重要组成部分。西方资本主义国家大多由两个或多个资产阶级政党，通过竞选轮流执政。从表面上看，这似乎是一种体现了人民选择的民主制度。而实际上，这种制度并没有改变西方资本主义国家政权是由占统治地位的资产阶级尤其是其中的大资本集团控制的实质。西方多党制是处于资本主义社会体系中的政治制度。在实行生产资料私有制的经济制度之下，经济资源与财富的占有和分配严重不平等。掌握较多经济资源的阶级与集团，必然要利用其掌握的经济资源，通过各种途径影响进而控制社会公共权力，以保护和扩大自己的既得利益。在西方资本主义制度下，无论哪个政党上台执政，实际上都是代表资产阶级和大资本集团的政治力量控制国家政权。多党竞争具有扩大社会分歧的倾向，不利于社会和谐稳定。中国的人民代表大会制度、中国共产党领导的多党合作和政治协商制度、民族区域自治制度以及基层群众自治制度等，在运行中既能够反映人民群众中不同群体的意见和呼声，又能够从全局出发将人民群众的各种意见集中综合起来，使国家的法律与政策能够兼顾各方利益，妥善化解人民内部矛盾。因此，我国决不能搞西方的多党制。

走中国特色社会主义政治发展道路的战略措施。改革开放三十多年来，我国的政治体制改革稳步推进，对中国特色社会主义政治发展格局的形成与完善发挥了重要促进作用，但是我们也应该清醒地看到，政治改革的任务远没有完成。社会主义市场经济改革的进一步推进，公平和民生问题的进一步凸显，人民群众政治参与积极性的进一步增强，都迫切要求进一步加快我国政治体制改革的步伐，以进一步消除民主政治发展的体制性障碍。一要始终立足于我国的基本国情。中国是一个拥有 13 亿人口的发展中大国，目前我们正处在全面建设小康社会的关键时期，改革过程中的深层矛盾和问题日益凸显，人民参与政治和管理国家经济社会事务的积极性不断提升。发展社会主义民主政治、建设社会主义政治文明，既要遵循现代民主政治发展的一般规律，又要充分顾及我国现阶段的基本国情和经济社会发展的特殊需要，既不能妄自菲薄，又不能妄自尊大；也不能脱离实际、急于求成，而是坚持从实际出发，循序渐进，稳步推进，使中国特色社会主义政治发展道路永葆生机与活力。二要在党的领导下有步骤地推进政治体制改革。中国特色社会主义民主政治，是在自我改革中不断走向自我完善的过程，要与进一步深化社会主义市场经济改革相适应，着重从行政管理的层面消除市场经济发展的体制性障碍；要与进一步实现科学发展、和谐发展相适应，着重从社会管理的层面消除影响社会公平发展、和谐发展的体制性障碍；要与进一步推进经济民主、政治民主、文化民主和社会民主相适应，着重从民主运行机制的层面消除影响大众政治参与的体制性障碍；要与进一步加强党风廉政建设相适应，着重从权力监督与制约的层面，进一步消除产生腐败的体制因素。三要吸收和借鉴人类社会一切政治文明的有益成果。历史表明，多样文化文明的并存、交汇和融合，促进了人类的发展和进步。政治发展的脚步也是在相互作用和影响过程中向前迈进的。中国特色社会主义政治发展道路是中国共产党按照马克思主义民主政治发展的基本原理，结合中国的具体实际创立的，是在吸收和借鉴其他政治文明成果的过程中不断发展和完善的。在世界多极化、经济全球化、社会信息化进程不断加快的新形势下，不同政治文明相互影响日益加深。在这样的时代背景下，要以更加开放的胸襟，借鉴人类政治文明的有益成果使中国特色社会主义政治发展道路更好地体现时代精神，体现世界民主政治发展潮流。我们一定要坚定不移地沿着这条道路前进，使我国社会主义民主政治展现出更加旺盛的特色生命力。

四、践行中国特色社会主义发展战略的基本要求

（一）必须坚持社会主义初级阶段基本路线

党的十八大报告指出：“中国特色社会主义道路，就是在中国共产党领导下，立足基本国情，以经济建设为中心，坚持四项基本原则，坚持改革开放，解放和发展社会生产力，建设社会主义市场经济、社会主义民主政治、社会主义先进文化、社会主义和谐社会、社会主义生态文明，促进人的全面发展，逐步实现全体人民共同富裕，建设富强民主文明和谐的社会主义现代化国家。”中国特色社会主义道路的内涵极

其丰富，但其最主要的方面包括总依据、总布局、总任务、总目标、总方针、总政策以及主体内容等都浓缩在党的基本路线之中，党的基本路线是中国特色社会主义道路的核心和总纲。

一是基本路线规定了中国特色社会主义道路的总任务，即以经济建设为中心，解放和发展生产力。以经济建设为中心是党的基本路线的主体内容，也是中国特色社会主义道路的根本任务。二是基本路线规定了中国特色社会主义道路的主体内容和基本框架。中国特色社会主义经济建设、政治建设、文化建设、社会建设、生态文明建设五位一体总体布局是中国特色社会主义道路的主体内容和基本框架，它也是党的基本路线的展开和具体化。党的基本路线是社会主义建设的总纲领，是制定社会主义建设各方面具体纲领和方针政策的根本依据和必须遵循的原则。中国特色社会主义道路的科学内涵以及丰富实践就是紧紧围绕党的基本路线和基本纲领展开的。三是基本路线规定了中国特色社会主义道路的宏伟目标，即建设富强、民主、文明、和谐的社会主义现代化国家。党的基本路线中关于我国社会主义现代化建设的奋斗目标最初的定位是“富强、民主、文明”三个方面，随着对社会主义认识的深入，党的十七大上增加了“和谐”内涵，把社会主义现代化奋斗目标发展为富强、民主、文明、和谐，从而使中国特色社会主义建设目标更加全面。四是基本路线规定了中国特色社会主义道路完成中心任务和实现奋斗目标的根本手段与政治保证，即坚持四项基本原则，坚持改革开放。坚持四项基本原则，坚持改革开放是党的基本路线的两个基本点，也是实现解放和发展生产力，建设富强、民主、文明、和谐社会主义现代化国家的根本保证。四项基本原则和改革开放这两个基本点互相贯通、互相依存，统一于发展中国特色社会主义的伟大实践之中。五是基本路线规定了实现中心任务和奋斗目标、搞好改革开放的领导力量和依靠力量，这就是在中国共产党领导下，团结全国各族人民来完成这个伟大任务。中国共产党的领导是坚持和发展中国特色社会主义道路的领导核心和根本保证，全国各族人民是中国特色社会主义道路的主体和依靠力量。[①] 总之，党的基本路线是中国特色社会主义道路的核心和总纲，是发展中国特色社会主义的根本原则，中国特色社会主义道路的内容和领域不论怎样扩展，都始终离不开党的基本路线这个总纲。

---

① 姜淑兰、郑德荣:《党的基本路线是中国特色社会主义道路的核心和生命线》,《理论学刊》2010 年第 3 期。

（二）必须继续深化改革扩大开放

中国改革开放的总设计师邓小平最早提出了改革开放的战略思路，认为改革是一场新的伟大革命，开放是走出封闭半封闭状态走向繁荣富强的关键抉择。改革开放三十多年来，中国发生了举世瞩目的翻天覆地的变化，实践证明，改革开放是强国之路。进入新世纪，中国的改革开放也进入了一个新的历史时期。它非但没有停止，反而是到了关键时期，进入攻坚战阶段。我们要紧紧抓住战略机遇期，从深化改革、扩大开放入手，从改革开放中寻找推进科学发展的动力。随着改革开放的进一步深化，一些深层次的矛盾日益显露，成为制约新一轮改革开放的重大因素。针对社会发展中出现的新问题新趋向，新世纪新阶段的改革开放也有了相应的新内容：改革要更加注重对社会利益关系的调整和统筹，更加注重体制创新和制度建设，更加注重经济社会与人的全面发展；开放要更加注重全方位、多层次、宽领域的开放，更加注重提高对外开放的水平。

深化改革开放必须突出强调“以人为本”、“效益至上”。改革目标不仅是解放生产力发展生产力，更重要的是实现人的解放与人的全面发展。以人为本的改革观，就是改革要体现对人的关怀，以实现经济社会和人的全面发展为基本目标。对外开放是立足我国经济的快速发展和开放程度不断扩大，我们与各国经济联系继续加深，贸易摩擦增多、对外投资阻力加大等一些新的现象不断出现的实际，要求我们必须适应经济全球化趋势的新发展，以更加积极的姿态走向世界，更好地实施“引进来”和“走出去”同时并举、相互促进的开放战略，努力在“走出去”方面取得明显进展，更好地利用国际国内两个市场、两种资源，在激烈的国际竞争中掌握主动权，不断提高对外开放水平。具体来讲，就是坚持效益至上原则，转变对外贸易增长方式，提高对外贸易效益；提高利用外资水平，加强对外资的产业和区域投向引导，促进国内产业优化升级；提高防范和化解各种风险的能力，切实维护国家各种安全。

（三）必须以解放思想的精神推动科学发展

改革开放三十多年来，我们党在理论上的每一个重大突破，在体制上的每一个重大创新，在战略上的每一个重大调整，在实践上的每一步重大发展，都是在不断解放思想中取得的。没有解放思想，就没有改革开放和社会主义现代化建设的伟大成就，就没有中国特色社会主义的不断发展。解放思想、实事求是、与时俱进、求真务实承载着马克思主义中国化的历史使命，科学发展观是对古今中外发展思想的继承和发展，是解放思想的又一大理论成果。

解放思想和科学发展观是内涵和定位不同的两个概念，但二者统一于建设中国特色社会主义伟大实践之中。在党的十七大上，科学发展观与邓小平理论和"三个代表"重要思想一道被统称为中国特色社会主义理论体系，与中国特色社会主义道路一并被认定为改革开放以来我们取得一切成绩和进步的根本原因，并于十八大上被明确确立为我们党的指导思想。解放思想，就是使思想和实际相符合，使主观和客观相符合，就是实事求是。"我们讲解放思想，是指在马克思主义指导下打破习惯势力和主观偏见的束缚，研究新情况，解决新问题。""要坚持实践是检验真理的唯一标准，在党的基本理论指导下，一切从实际出发，自觉地把思想认识从那些不合时宜的观念、做法和体制中解放出来，从对马克思主义的错误的和教条式的理解中解放出来，从主观主义和形而上学的桎梏中解放出来。"解放思想是党的思想路线的本质要求。十七大强调指出，解放思想是发展中国特色社会主义的一大法宝，在新的发展阶段必须继续解放思想。

贯彻落实科学发展观必须以解放思想为前提保证。我们党在理论上的每一个重大突破，在体制上的每一个重大创新，在战略上的每一个重大调整，在实践上的每一步重大发展，都是在不断解放思想中取得的。没有解放思想，就没有改革开放和社会主义现代化建设的伟大成就，就没有中国特色社会主义的不断发展。解放思想、实事求是、与时俱进承载着马克思主义中国化的历史使命，科学发展观是对古今中外发展思想的继承和发展，是解放思想的又一大理论成果。

科学发展观的树立要求人们进一步解放思想。把我国经济社会发展由长期以来坚持实行的传统发展（重经济、数量、速度，轻政治文化、质量、效益）转移在科学发展的轨道上来，实现以人为本的发展，全面协调可持续的发展，已经成为今天全面建设小康社会、发展中国特色社会主义的重要任务。要真正实现这个转移，并非容易。最重要的，还是始终不渝地坚持解放思想。实践告诉我们，科学发展观是要人们在经济发展方式的转变、经济与社会的统筹发展、行政管理体制改革等重大方面再来一次思想大解放。

科学发展观的深入实践需要进一步解放思想。确实，科学发展观经过几年的贯彻落实，现已初显成效。但随着科学发展观实践的不断深入，我们所面临的矛盾问题也愈发严峻，呈现出更多、更新、更深、更复杂的特点。比如，落实以人为本这个科学发展观的核心，要破除一系列的思想和体制障碍。现实生活中存在的“官本位”，一味追求 GDP 增长甚至陷入“唯 GDP”，只顾经济增长完全不考虑生态环境，大搞形象工程、政绩工程等，都严重违背了以人为本的精神，是必须消除的。再比如，科学发展的要求和地方利益、单位利益、部门利益、个人利益是不完全吻合的，怎样统筹城乡之间、区域之间、经济社会之间、中央地方之间、行业系统之间以及干部群众之间的一系列矛盾问题，也需要打破许多传统观念和做法。

科学发展观本身的发展要求人们进一步解放思想。科学发展观提出的历史不长，尚未形成完整的体系，我们所认知的程度还很有限，而中国发展的实践从未停止且日新月异。因此，这是一个开放的理论体系，一个发展中的战略思想。这种认识和定位，本身就要求我们必须进一步解放思想。此外，我国经济社会在统筹发展中出现了许多积极向上的新气象，形成了许多新做法新经验；同时，经济社会发展中长期存在的一些深层次矛盾和潜在的风险仍在发展，并且出现了许多新情况新问题。前者需要及时总结，以深化认识，指导实践；后者需要及时化解，以推进实践，丰富理论。这些工作，都不能缺少进一步解放思想。

解放思想是人类发展的永恒主题，既不能一蹴而就，也不能一劳永逸。实践没有止境，解放思想就没有止境。在新的历史时期，继续解放思想势在必行、刻不容缓。继续解放思想，就是永远不僵化、不迷信、不为过去的思维习惯所束缚，永远不因循守旧、不为传统的行为模式所局限，永远不安于现状、不为已有的经验成绩而自满，并着力转变不适应不符合科学发展的思想观念，解决影响和制约科学发展的突出问题，构建充满活力、富有效率、更加开放、有利于科学发展的机制体制。只有坚定不移地继续解放思想，认真研究新情况，探讨新办法，寻求新途径，解决新问题，实现新突破，才能更好地巩固和发展改革开放的已有成果，更好地推动经济社会又好又快发展。

只有继续解放思想，才能打破旧思想观念和思维习惯的束缚，破解改革和发展中的新矛盾新问题；才能创新发展理念，转变经济发展方式；才能全面推动经济、政治、文化、社会、生态协调发展；才能更好地满足人民群众的新要求新期待，使发展成果更多地体现到改善民生上；才能树立世界眼光，统筹国内国际两个大局。全面把握科学发展观的科学内涵和精神实质，增强贯彻落实科学发展观的自觉性和坚定性，就要着力转变不适应科学发展观的思想观念，着力解决影响和制约科学发展观的突出问题。可见，学习实践科学发展观需要解放思想，深入学习实践科学发展观需要继续解放思想，以此作为基础和保证。

解放思想必须以贯彻落实科学发展观为依托平台。它不是解放在口头上、纸面上，也不是解放在会议室中，而是真真正正的思想解放了、观念更新了。这还不够，还要同改革开放的实践结合进行，落实到实际工作中去。就是说，解放思想看似务虚，实际上既不是以虚对虚，也不是以虚对实，而是以实对实，是真正的务实，是实战。解放思想推进着改革开放的发展，改革开放的发展也促进着思想的解放。

解放思想不是抽象的概念，而是与党和国家每个阶段的中心工作紧密相连，到底要解放什么总是根据各阶段的中心任务和存在的问题决定的。解放思想，必须从我国现阶段的基本国情及其具体表现出发，落实到并体现在解放生产力、促进经济社会发展上。当前，中国最重大的实践就是深入贯彻落实科学发展观。所以，今天最重要的，就是要深入贯彻落实科学发展观，把我国经济社会的发展转移到科学发展的轨道上来，通过深入调研，集思广益，研究和寻找发展中所遇到的矛盾和问题的方法、措施和制度。

解放思想作为党的实事求是思想路线的前提条件和基础内容，是在实践中形成的，也必然要回归于实践。解放思想作为党的思想路线的一个本质要求，其生命价值在于指导实践。解放思想的对象，主要表现在打破发展中的习惯势力和主观偏见的束缚。通过继续解放思想，牢固树立以人为本、全面协调可持续发展、经济政治文化社会全面发展、人的全面发展、生态文明等理念。解放思想的目标，集中体现为研究发展中的新情况，解决发展中的新问题。通过科学分析我国全面参与经济全球化的新机遇新挑战，全面认识工业化信息化城镇化市场化国际化深入发展的新形势新任务，深刻把握我国发展面临的新课题新矛盾，深入了解人民群众的新要求新期盼，更加自觉地走科学发展的道路。解放思想的目的，就是大胆实践、大胆探索，勇于变革、勇于创新，以求把握发展规律、创新发展理念、转变发展方式、破解发展难题、提高发展质量和效益，实现又好又快发展。可见，学习实践科学发展观为解放思想提供了最合适的载体，而学习实践科学发展观的深入又为继续解放思想提供了更广阔的平台。

（四）必须进一步加强和改进党的建设

中国特色社会主义道路是中国共产党领导人民长期探索、奋力开拓的。中国共产党不仅是中国特色社会主义道路的开辟者，也是这条道路向前发展的领导者，是我们推进事业发展、战胜前进道路上各种艰难险阻，实现富强民主文明和谐社会主义现代化目标的关键。能否将这一道路夯实，关键在于党自身。所以，必须切实加强和改进党的建设。而加强和改进党的建设，目标就是不断提高党的执政能力。党的执政能力，就是党提出和运用正确的理论、路线、方针、政策和策略，领导制定和实施宪法和法律，采取科学的领导制度和领导方式，动员和组织人民依法管理国家和社会事务、经济和文化事业，有效治党治国治军，建设社会主义现代化国家的本领。党的执政能力建设问题的提出，要求现代化建设的领导者要因势而动，及时改变执政方式，提高执政能力，确保现代化建设进程顺畅。可以说，加强执政党建设，成为落实科学发展观必定要首先解决的问题。

我们党所处历史方位有了变化，要求在社会历史舞台上所扮演的角色也必须随之发生变化，执政能力建设是中国共产党完成历史赋予的角色使命的重要前提。六十多年来的执政成就证明，中国共产党是当代中国最合格的执政者，但进入新世纪新阶段，世情国情党情的新变化对党的执政能力提出严峻挑战，为此十六届四中全会通过的《中共中央关于加强党的执政能力建设的决定》，全面总结了半个多世纪以来党执政的主要经验，明确提出了加强党的执政能力建设的指导思想、总体目标和主要任务。即：按照推动社会主义物质文明、政治文明、精神文明协调发展的要求，不断提高驾驭社会主义市场经济的能力，不断提高发展社会主义民主政治的能力、建设社会主义先进文化的能力、构建社会主义和谐社会的能力、应对国际局势和处理国际事务的能力。要紧紧围绕上述任务，立足现实、着眼长远，抓住重点、整体推进，不断研究新情况、解决新问题、创建新机制、增长新本领，全面加强和改进党的建设，使党的执政方略更加完善、执政体制更加健全、执政方式更加科学、执政基础更加巩固。党的五个方面的执政能力，体现在科学执政、民主执政、依法执政上。坚持科学执政、民主执政、依法执政，是新的历史条件下加强党的执政能力建设和先进性建设的重要内容，反映了我们党对执政规律认识的深化和对党长期执政正反两方面经验的科学总结，反映了我们党对自己所处的历史方位和所承担的历史使命的清醒认识，反映了我们党把推进党的建设新的伟大工程同推进中国特色社会主义伟大事业紧密结合的高度自觉。

党的建设是党领导的伟大事业不断取得胜利的重要法宝。当前，党的领导水平和执政水平、党的建设状况、党员队伍素质总体上同党肩负的历史使命是适应的。同时，党内也存在不少不适应新形势新任务要求、不符合党的性质和宗旨的问题，严重削弱党的创造力、凝聚力、战斗力，严重损害党同人民群众的血肉联系，严重影响党的执政地位巩固和执政使命实现，必须引起全党警醒，抓紧加以解决。为此，十七届四中全会通过了《关于加强和改进新形势下党的建设若干重大问题的决定》，总结了运用和丰富发展执政党建设的基本经验，并强调指出，加强和改进新形势下党的建设，必须全面贯彻党的十七大关于党的建设总体部署，按照党章要求，着眼于继续解放思想、坚持改革开放、推动科学发展、促进社会和谐，着眼于提高党的执政能力、保持和发展党的先进性，着眼于增强全党为党和人民事业不懈奋斗的使命感和责任感，着眼于保持党同人民群众的血肉联系，突出重点，突破难点，全面推进思想建设、组织建设、作风建设、制度建设和反腐倡廉建设，提高党的建设科学化水平，进一步把党建设成为立党为公、执政为民，求真务实、改革创新，艰苦奋斗、清正廉洁，富有活力、团结和谐的马克思主义执政党，确保党始终是中国工人阶级的先锋队，同时是中国人民和中华民族的先锋队。主要是：建设马克思主义学习型政党，提高全党思想政治水平；坚持和健全民主集中制，积极发展党内民主；深化干部人事制度改革，建设高素质干部队伍；做好抓基层打基础工作，夯实党执政的组织基础；弘扬党的优良作风，保持党同人民群众的血肉联系；加快推进惩治和预防腐败体系建设，深入开展反腐败斗争。

五、夯实中国特色社会主义发展战略的基本要求

（一）切实转变政府职能，树立正确权力观、政绩观、群众观

按照党政分工的原则，党主持制定的中国特色社会主义发展战略，必须由政府来组织实施，而政府能否做好这一工作，关键是要进一步转变自身职能。转变政府职能，就是要进一步加强经济调节和市场调节监管，健全国家宏观调控体系，减少政府对市场和企业经营活动的直接干预，为经济发展创造良好的市场环境。更加注重履行政府的社会管理和公共服务职能，把更多的力量放在发展社会事业和为人民群众提

供更多更好的服务上来。不断提高驾驭社会主义市场经济等多种执政能力，从而真正起到领导者的作用。

新时期的行政管理体制改革不再像过去那样把“精减机构”的口号喊得山响，而是扎扎实实地转变职能，强调建立公共服务型政府；而是形成行为规范、运转协调、廉洁高效的行政管理体制，健全现代政府管理制度与管理方式。其中，加快政府职能转变是关键。政府职能转变，就是要把政府职能由计划经济体制下管得过宽过多、主要靠行政手段管理和权责脱节，进一步转到经济调节、市场监督、社会管理和公共服务上来，按照社会主义市场经济发展的要求行使职权，做到权责一致。为此，应重点抓好两个方面：一是政府不该管的事一定不要管，坚决放开。必须进一步减少和规范行政许可和审批事项，各级政府及其部门都不得直接干预企事业单位和中介组织的经营活动和具体事务；二是政府该管的事一定要管，而且要管好。必须明确政府和管理权限，并推进政府管理创新。市场调节的局限性要求政府正确履行职能，加强和改善宏观调控，弥补市场机制的缺欠和不足，在提高效率的同时体现公平，以便更好地发挥市场在优化资源配置中的作用。在市场经济条件下，政府不能直接干预微观经济运行，而必须发挥自己作为“守夜人”应有的作用，正确地履行好如下职责：一要创造市场机制正常运作和有效发挥作用的条件和环境，维护好公开公平公正的市场竞争秩序；二要熨平经济的大幅度波动，通过采取综合手段，促进供求总量基本平衡，避免经济大起大落；三要致力于提供非赢利的公共产品和公共服务，以努力实现社会公平；四要在促进经济发展的同时，把维护社会公正放到更加突出的位置，综合运用多种手段，逐步建立社会公平保证体系。①

权力观是指人们对职权范围内可支配力量的认识或看法，包括权力所有观、权力目的观、权力价值观、权力责任观、权力道德观、权力实现观、权力制衡观等方面。总括起来一句话，权力观的核心就是明确权从何来、权为谁用的问题。② 党的地位的变化、干部队伍的变化及社会环境的变化，对树立正确的权力观提出了迫切要求。因为少数领导干部将权力私有化、自由化、商品化、亵渎化、集中化、享受化，这些都是权力观的错位现象，而权力观的错位必然带来权力异化。在社会主义国家里一切权力属于人民，共产党作为执政党应该代表人民的利益，为人民群众的利益服务。中国共产党的宗旨要求领导干部必须牢固树立正确的权力观，为此，必须牢固树立正确的世界观、人生观和价值观，克服错误权力观的影响，牢固

---

① 傅治平：《观念的骤变》，人民出版社 2007 年版，第 236 页。
② 傅治平：《思想的跨越》，人民出版社 2006 年版，第 55 页。

树立群众意识，增强廉洁自律意识，真正做到“情为民所系，权为民所用，利为民所谋”，反对各种形式的官僚主义，强化监督，思想教育与制度保证双管齐下。

政绩观是领导干部对工作成果的认识，对自己行政行为的价值判断。[①] 领导干部的政绩观，反映了其对待党的事业和人民利益的态度，不同的政绩观会使人走出截然不同的道路。树立正确的政绩观，是为了更好地贯彻党的宗旨，是实现全面建设小康社会奋斗目标的客观要求，是党的建设的需要，也与领导干部个人的成长和我们党领导下的事业命运息息相关。为此，胡锦涛在十六届三中全会上提出，要教育干部树立正确的政绩观，包括正确看待政绩，科学衡量政绩。树立正确的政绩观，必须坚持用科学发展观来引领，必须依照“万事民为先”的准则创造政绩，必须始终突出一个“实”字，即办实事、重实效、务实绩。贯彻落实科学发展观，必须树立和坚持正确的政绩观，用全面的、实践的、群众的观点看待政绩，建立和完善政绩评价标准、考核制度和奖惩制度，形成正确的政绩导向。凡符合科学发展观的能够推动科学发展的事情就全力以赴地去做，凡不符合的就毫不迟疑地去改，真正使促进发展的各项工作都经得起历史

① 傅治平：《观念的骤变》，人民出版社 2007 年版，第 91 页。

和人民的检验。[1] 不唯 GDP 论英雄，杜绝虚假数字政绩；政绩评估不再“摸脑袋”，考核标准具体化；注重立法，确保政绩评估法制化；把代表最广大人民的根本利益作为衡量领导干部政绩的根本标准。要加快建立相关的制度保障和符合科学发展观要求的经济社会发展综合评价体系，认真考虑各项政策措施是否符合全面协调可持续发展的要求，是否符合最广大人民的根本利益，使科学发展观真正成为衡量各项工作的尺度。要树立和落实正确的政绩观，就必须摒弃错误的政绩观，如“政绩不政绩，主要看经济”、“政绩不政绩，主要看统计”、“政绩不政绩，主要看任期”、“政绩不政绩，形象摆第一”[2]，等等。各级领导干部必须牢记全心全意为人民服务的宗旨，树立与科学发展观相适应的政绩观，坚持为了发展和造福于民而创造政绩的观念，把实现人民群众的利益作为追求政绩的唯一目的，坚持严格按照客观规律办事，兢兢业业地干好工作，实实在在地创造业绩。

群众观是指党员干部发自内心深处对待群众的态度。或者说，群众观是指党员干部对“把群众究竟放

① 刘应杰主编：《中国的发展战略和基本国策》，中共中央党校出版社 2008 年版，第 39 页。

② 傅治平：《思想的跨越》，人民出版社 2006 年版，第 126 页～127 页。

在自己心目中什么样的位置上”这一问题的根本认识。[①] 新时期正确的群众观主要包括四个方面的内容。第一，正确的群众观的核心内容，集中体现为胡锦涛在2003年“七一”讲话中指出的“三个为民”，即：权为民所用，情为民所系，利为民所谋。要把这三句话落到实处，一要做到权为民所用，必须摆正党员干部的位置。党员干部要正确看待和运用自己手中的权力，解决好为谁掌权、为谁服务的问题；要正确对待个人的名利地位，解决好做事与做官的问题，树立正确的权力观。“领导就是服务”，就是为人民服务，就是扮演好“人民公仆”的角色。二要做到情为民所系，必须把自己当做人民的儿子。儿子与养育自己的父母之间有着不可分割的血肉联系，儿子时刻都想着报答父母的养育之恩。情为民所系，就是要求我们的领导干部从心底里把自己与人民群众的喜怒哀乐紧紧联系在一起。领导干部要带着浓厚的感情，想群众之所想，急群众之所急，办群众之所需，解群众之所难，在为群众办实事谋利益的过程中体现执政为民的宗旨。三要做到利为民所谋，必须把人民群众利益作为一切工作的出发点和落脚点。利为民所谋，就是在心里时刻想着立党为公，执政为民。说到底，就是要求领导干部必须时刻心存公念，心系人民，想着为

① 傅治平：《思想的跨越》，人民出版社2006年版，第160页。

党分忧、为民解难，最大限度地把党的阳光雨露挥洒到社会的每个角落、将社会利益公正地分配给社会的每个成员。第二，正确的群众观始终把群众作为发展的主体。唯物史观认为，人民群众是历史的创造者，是时代的真正英雄。坚持正确的群众观，一要以民为根，以民为本。就是一切相信群众，一切依靠群众。二要求学于民，问策于民。求学于民，向人民群众学习的观点，是党的群众路线的内在要求，是革命、建设和发展取得成功的基本经验之一。求学于民，必然会经常问策于民。领导干部要眼睛向下，深入群众，察民情、听民意、集民智，使各项政策符合民意。三要取信于民，还权于民。

（二）加快转变经济发展方式，优化产业结构

要坚持中国特色社会主义道路，贯彻落实中国特色社会主义发展战略，必须切实转变经济发展方式，创新发展模式，提高发展质量，实现经济增长与结构、质量、效益相统一。为此，必须大力推进经济增长方式由粗放型向集约型转变，走新型工业化道路，推进国民经济和社会信息化，坚持节约发展、清洁发

展、安全发展，实现可持续发展；必须大力推进经济结构战略性调整，加快产业结构优化升级步伐，高度重视节约资源和保护环境，促进经济社会发展与人口、资源、环境相协调。[①] 从而真正把经济社会发展转入科学发展的轨道，最终实现经济社会又好又快发展。

十四届五中全会确立实现经济增长方式根本性转变的战略方针后，成效并不显著，粗放经营问题仍很突出。“实现未来经济发展目标，关键要在加快转变经济发展方式、完善社会主义市场经济体制方面取得重大进展。”转变经济发展方式是十七大提出的一个重要的概念，是一个关系国民经济发展全局的紧迫而重大的战略任务，是在总结我国经济建设实践经验和借鉴国际经验教训的基础上认识的提高和理论的升华。它关系发展理念的转变、发展道路的选择、发展模式的创新，实质上是解决如何使发展又好又快的问题。用“转变经济发展方式”区别于过去的“转变经济增长方式”，虽然只改了一个词，但是内涵却发生了重大变化。

经济发展方式除了涵盖经济增长方式所指的获得经济增长的方法和模式、所强调的提高经济增长效益

① 刘应杰主编：《中国的发展战略和基本国策》，中共中央党校出版社 2008 年版，第 38 页。

的含义外，还对经济发展的理念、战略和途径等提出了更高的要求，它强调的不仅是提高经济增长效益，还包括促进经济结构优化、经济增长与资源环境相协调、发展成果合理分配等内容。[①] 其实质在于全面地追求和实现经济社会更好的发展质量和整体的协调。也就是说，转变经济发展方式，不仅要求转变经济增长方式，还要求实现经济结构优化升级，实现经济社会协调发展，实现人与自然和谐发展及人的全面发展。

当前和今后一个时期，转变经济发展方式的主要任务，就是做到“两个坚持”和“三个转变”，即坚持走中国特色新型工业化道路，坚持扩大国内需求特别是消费需求的方针，促进经济增长由主要依靠投资、出口拉动向依靠消费、投资、出口协调拉动转变，由主要依靠第二产业带动向依靠第一、第二、第三产业协同带动转变，由主要依靠增加物质资源消耗向主要依靠科技进步、劳动者素质提高、管理创新转变。

---

① 《毛泽东思想和中国特色社会主义理论体系概论》，高等教育出版社 2008 年版，第 183 页。

（三）统筹城乡发展，推进新农村建设

统筹城乡经济社会发展，逐步改变城乡二元经济结构，建设社会主义新农村，是我们党从全面建设小康社会全局出发作出的重大决策。它集中体现了我们党在新阶段“三农”工作的新理念、新思路，是对我们党长期以来特别是改革开放以来关于农业、农村、农民问题战略思想的继承的发展，是统筹城乡发展的根本措施，是新世纪新阶段解决“三农”问题的重大战略部署，为我国农村的发展展现了美好蓝图，开辟了广阔道路。

农业、农村、农民问题，即“三农”问题，是关系到我国改革开放和现代化建设的带有全局性、战略性的根本问题。我们党领导的革命、建设、改革取得的伟大成就，都是同高度重视解决“三农”问题密不可分的。在我国，农业具有更为重要的地位。现实情况是，我国处于社会主义初级阶段，农村尤其不发达。表现在：生产力落后，主要靠手工劳动；市场化程度低，自给半自给占相当比重；农业人口多，就业压力大，科技教育文化落后，文盲半文盲数量较大；农民生活水平比较低，城乡差别大。这些严重地制约

农业的发展和农村的稳定。农业、农村、农民问题，是全面建设小康社会进程中的关键问题。农业丰则基础强，农民富则国家盛，农村稳则社会安。全面建设小康社会，最艰巨最繁重的任务在农村。没有农民的小康就没有全国人民的小康，没有农村的现代化就没有国家的现代化。发展好农村经济，建设好农民的家园，让农民过上宽裕的生活，才能保证全体人民共享经济社会发展成果，才能不断扩大内需和促进国民经济持续快速协调健康发展。

党的十六大报告把解决“三农”问题放在一个十分突出的地位，指出：要“统筹城乡经济社会发展，建设现代农业，发展农村经济，增加农民收入”。这是在科学分析我国国民经济发展面临的主要问题的基础上，提出的解决“三农”问题的重大思路。农业与农村、农民问题紧密联系在一起。有了农业的发展，才有农村经济的发展，也才有农民的好日子。“三农”问题依然是全面建设小康社会、实现现代化的重点和难点。2000 年 8 月，《南方周末》头版大幅报道了湖北监利县棋盘乡党委书记李昌平上书国务院总理，反映“农民真苦，农村真穷，农业真危险”，由此引发了该县一场被称为“痛苦而又尖锐的改革”。十六大以来，我们党强调要把解决好“三农”问题作为全党工作的重中之重，统筹城乡发展。胡锦涛在党的十六届四中全会上，明确提出了“两个趋向”的重要论断，即在工业化初始阶段，农业支持工业、为工业提供积累是带有普遍性的趋向；但在工业化达到相当程度后，工业反哺农业、城市支持农村，实现工业与农业、城市与农村协调发展，也是带有普遍性的趋向。当前，我国总体上已进入以工促农、以城带乡的发展阶段。党的十六届五中全会进一步提出了建设社会主义新农村是我国现代化进程中的重大历史任务。2006年，中共中央国务院颁发了《关于推进社会主义新农村建设的若干意见》，对统筹城乡经济社会发展，扎实推进社会主义新农村建设做了全面部署。中央提出的建设社会主义新农村的总要求是：生产发展、生活宽裕、乡风文明、村容整洁、管理民主。生产发展，是新农村建设的中心环节，是实现其他目标的物质基础。生活宽裕，是新农村建设的目的，也是衡量我们工作的基本尺度。乡风文明，是农民素质的反映，体现农村精神文明建设的要求。村容整洁，是展现农村新貌的窗口，是实现人与环境和谐发展的必然要求。管理民主，是新农村建设的政治保证，显示了对农民群众政治权利的尊重和维护。这五句话二十个字，内涵丰富，要求明确，全面体现了当前和今后一个时期"三农"工作的主要方面，不仅勾画出了现代化农村的美好图景，而且提出了解决"三农"问题的系统思路。

十六大以来，我们党先后制定了许多具体政策解决农村问题，使农业得到加强、农村得到发展、农民得到实惠，为推动经济社会发展、保持社会稳定创造了重要条件。但必须看到，制约农业和农村发展的深层次矛盾尚未消除，促进农民持续稳定增收的长效机制尚未形成，农村经济社会发展滞后的局面尚未根本改变。建设社会主义新农村是一项系统工程，要按照工业反哺农业、城市支持农村和“多予少取放活”的方针，有计划有步骤有重点地推进。要通过坚持农村基本经营制度，强化支农惠农政策，加快农业科技进步，调整优化农村经济结构，加大扶贫力度，促进农业不断增效、农村加快发展、农民持续增收。为此，各级政府要把基础设施建设和社会事业发展的重点转向农村，逐步加大政府土地出让金用于农村的比重，探索确保农民现实利益和长期稳定收益的有效办法，解决好被征地农民的就业和社会保障。要加快培养新型农民，充分发挥广大农民在新农村建设中的主体作用。建设社会主义新农村又是一项长期、艰巨、复杂的重大历史任务，要动员全党全社会关心农业、关注农村、关爱农民，积极支持和参与新农村建设，建立以工促农、以城带乡长效机制，形成城乡经济社会发展一体化的新格局，使建设社会主义新农村成为全党全国人民的共同行动。

（四）加强能源资源节约和生态环境保护，增强可持续发展能力

节约资源和保护环境是我国的两大基本国策，坚持这两大基本国策，关系人民群众切身利益和中华民族生存发展。因此，必须把建设资源节约型环境友好型社会放在工业化、现代化发展战略的突出位置。新型资源环境观是一个与资源环境密切相关的观念群，主要包括系统观（把人与大自然看成是一个大系统）、稀缺观（许多资源是相对稀缺的）、平衡观（人、资源、生态等要素组成的系统要处于平衡状态）、价值观（自然资源不仅具有使用价值和价值，而且还要有价格）、整体观（对资源环境的保护，必须从整体的层面进行考虑）、有形资源与无形资源有机统一观、节约观、消费观等。新型资源环境观特别强调处理好环境保护与经济增长的关系以实现双赢。二者的关系，主要是指良好的环境和充足的资源是经济增长的基础和条件、经济增长不足或不当是造成资源环境问题的重要原因、发展经济要有可持续性、环境问题是由发展带来的也唯有通过发展才能得以解决、资源环境也是人民的利益所在。树立新型资源环境观，必须

辩证处理资源与环境、当前与长远、质量与数量等三对关系。资源与环境本是同根生，常常表现为一体两面，但往往是资源的开发导致了环境的恶化。资源总是有限的，无节制地利用资源必然导致资源短缺甚至消失；环境容量也是有限度的，破坏环境必然导致环境的不断恶化直至人类生存条件的丧失。资源与环境也有优劣之分，社会经济可持续发展不仅要求资源与环境在数量上得到保证，同时必须在质量上有所保证。

（五）特别注重执行力建设，真抓实干

过去，人们都认为有制度肯定比没有制度要好。后来，人们又认识到制度不好与没有制度实际效果几近等同。如今，人们进一步认识到：即便制度再好，但如果根本不落实，那其实比没有制度更糟糕！有不少部门不少人喜欢坐而论道，夸夸其谈。会上台前讲的有理有据，像模像样，实则是“大会小会搞贯彻，认认真真走过场”，“讲的慷慨激昂，理直气壮，回去一如既往，并无两样”。这是最不可取的，也是最可怕的。正如有识之士所讲，我们现在缺的不是规章制度，而是如何认真去贯彻执行这些规章制度。为此，许多高校在持续深入学习实践科学发展观的大背景

下，适时推出并大力开展执行力建设活动，将其作为强化作风建设、实现科学发展的实实在在的抓手，被提到了一个十分重要的位置上来。

其一，端正认识是前提。确实，务虚也是必要的。但务虚务明白了之后，必须务实。只有务实，只有实践，只有不折不扣地去执行既定的路线方针政策，我们才会取得工作实效，才能达到目的。务虚相对来讲是轻松的，但务实确是必须付出艰苦努力的。执行不执行，说到本质关系到党员的组织纪律性、党性纯洁与否，它解决的是一个“想不想”的问题。其二，提高能力是核心。想执行固然重要，但更重要的是确实能贯彻执行下去。执行能力，是执政能力的一个最为具体的体现。它要求执行者，必须具有一定的学习领会能力、判断决策能力、把握大局能力、组织领导能力等方面的基本能力。可见，它解决的是一个“能不能”的问题。其三，创新方法是“润滑剂”。能执行是好的，但其中还有一个执行成本问题。以最小的成本，取得最大的效益，才是“最佳执行”。所以，这就要求我们打破固有的传统的执行模式，切忌凡事靠开会来解决，搞行政命令，一刀切，如此简单粗暴，势必导致粗糙低效。因此，要在细微之处下功夫，注重方式方法，它解决的是一个“会不会”的问题。其四，明确方向是关键。执行者应是睿智者，而不应是头脑简单者。不能不懂政策，只知执行，实则自己对上情都把握不准，由其带领大家去执行，真不敢说会执行到什么方向上去。也不能只知听令，不懂将上级的原则要求与本单位本部门的实际情况有机结合起来，简单地机械地教条地执行，变成了“为执行而执行”。明确方向，它解决的是一个执行得“对不对”的问题。其五，形成合力是源泉。执行，绝不是部门领导一人的事情。俗话说，一个人浑身是铁，又能捻多少颗钉呢?! 当今社会，一人可以包打天下的事情是不可能的了。所以，要想顺利地执行，真正地取得执行成效，必须注意做人的工作，快捷迅速、准确无误地传达贯彻，并善于做细致耐心的解疑释惑、统一认识、化解矛盾、凝聚力量的宣传思想政治教育工作。合力越强大，执行的动作越迅捷、动力越强劲、成效显现越明朗，它解决的是一个执行得“快不快”的问题。其六，健全机制是保障。执行力建设是一项漫长而艰巨的大工程，必须当作一场重大战役来打，从机构设置、统一协调、监督检查、奖励惩戒等各个重大方面切实加大工作力度，有专人负责、专门机构统管，有严格的监查制度、严明的奖惩制度，建立一整套科学的具体的切实可行的长效机制，它解决的是一个执行得“好不好”的问题。

只要各级领导高度重视高度负责，广大干部群众思想统一行动积极，真正勤奋踏实，雷厉风行，紧抓落实不放松，中国特色社会主义事业就一定会取得更大的辉煌。

参考文献

[1] 郑德荣等:《国情·道路·现代化》，吉林文史出版社，2001 年版。

[2] 薛泽洲等:《邓小平与中国现代化》，福建教育出版社，2001 年版。

[3] 黄宏:《马克思主义创新史》，云南教育出版社，2002 年版。

[4] 李君如等:《十三届四中全会以来的成就与经验》，中共中央党校出版社，2003 年版。

[5] 陈登才等:《邓小平与中国新道路》，中共中央党校出版社，2004 年版。

[6] 龚云:《路线——中国共产党的磨难》，江西高校出版社，2009 年版。

[7] 金民卿:《理论——中国化马克思主义的初步形成》，江西高校出版社，2009 年版。

[8] 陈亚联:《道路——中国特色革命道路的开辟》，江西高校出版社，2009 年版。

[9] 章传家等:《民族复兴之路的回望与思考》，人民出版社，2009 年版。

[10] 王海军:《改革开放以来中国共产党理论创新基本经验研究》，中共党史出版社 2011 年版。

[11] 郑德荣等：《中国特色社会主义道路基本问题研究》，人民出版社，2012 年版。

[12] 孔德生等：《复兴之路》，吉林人民出版社，2012 年版。

[13] 柳建辉等：《十年辉煌——十六大以来中国共产党治国理政纪实》，人民出版社，2012 年版。